潜能开发
青少年思维
能力训练丛书

越玩越聪明的思维游戏

刘玉玲 主编

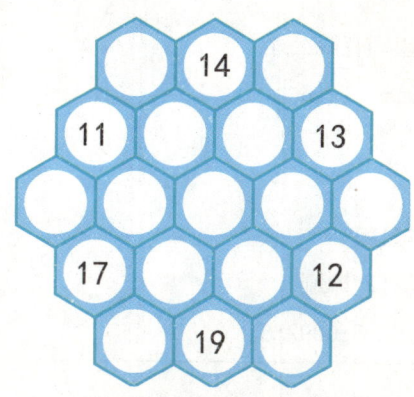

图书在版编目（CIP）数据

越玩越聪明的思维游戏 / 刘玉玲主编. -- 北京：知识出版社，2019.11
（潜能开发青少年思维能力训练丛书）
ISBN 978-7-5215-0093-6

Ⅰ. ①越… Ⅱ. ①刘… Ⅲ. ①智力游戏—青少年读物 Ⅳ. ①G898.2

中国版本图书馆CIP数据核字(2019)第250459号

越玩越聪明的思维游戏　刘玉玲 主编

出 版 人	姜钦云
责任编辑	易晓燕
策划编辑	田荣尚
特约编辑	庞冬冬
装帧设计	张雅蓉
出版发行	知识出版社
地　　址	北京市西城区阜成门北大街17号
邮　　编	100037
电　　话	010-88390659
印　　刷	南昌市红星印刷有限公司
开　　本	710mm×1000mm　1/16
印　　张	10
字　　数	160千字
版　　次	2019年11月第1版
印　　次	2019年11月第1次印刷
书　　号	ISBN 978-7-5215-0093-6
定　　价	36.00元

版权所有　翻印必究

　　大脑是人体最复杂的器官，它不仅主导着人的思想，还控制着人的感觉、情绪和反应，主宰着人一生的发展。让大脑蕴藏的潜能得到充分的开发，是一个人走向成功的关键。

　　如同人的躯体一样，大脑也可以通过训练来获得更好的发展，变得更聪明、更具有创造性。而6～15岁就是开发大脑潜能的黄金时期，是青少年养成爱思考、会思考好习惯的关键阶段。为了让孩子们爱思考、会思考、勤思考，并将这种好习惯带到学习中去，根据青少年这一阶段身心发育的特点，我们特别打造了这套"潜能开发·青少年思维能力训练"丛书，针对孩子不同的思维能力和思维方式，进行定点、定项、定目标的系统训练。

　　"潜能开发·青少年思维能力训练"丛书共10本，包括《越玩越聪明的谜语游戏》《越玩越聪明的思维游戏》《越玩越聪明的数学游戏》《越玩越聪明的脑筋急转弯》《越玩越聪明的趣味实验》《越玩越聪明的火柴棍游戏》《越玩越聪明的成语游戏》《越玩越聪明的填字游戏》《越玩越聪明的左脑游戏》和《越玩越聪明的右脑游戏》，主题多样，题型丰富，是一套科学、系统、有趣的思维训练工具书。

　　"潜能开发·青少年思维能力训练"丛书不仅可以全方位地培养孩子的思维能力，还可以根据孩子自身的思维特点，有重点地进行思维训练，取长补短，培养良好的思维习惯。本丛书图文结合，寓教于乐，既增强了趣味性，又扩大了孩子的知识面，让他们在玩乐中调动学习兴趣，循序渐进地培养良好的思维习惯，成为真正的思维高手！

编 者

2019 年 10 月

目录

第一章 新手来看看

1 数字填空 …………… 002	16 找特殊 …………… 009
2 数字卡片 …………… 002	17 围图形 …………… 010
3 奇妙的数 …………… 003	18 小鱼翻身 …………… 010
4 按规律找得数 …………… 003	19 金鱼的蜕变 …………… 011
5 巧填数字 …………… 004	20 转椅子 …………… 011
6 抢30 …………… 004	21 "三角"变"五角" …… 012
7 填方阵 …………… 005	22 图形推理 …………… 012
8 错误的算式 …………… 005	23 巧妙取水 …………… 013
9 火柴等式 …………… 006	24 鱼形图案 …………… 013
10 比面积 …………… 006	25 搭帐篷比赛 …………… 014
11 两条线是否平行 …………… 007	26 测距离 …………… 015
12 云朵变山丘 …………… 007	27 难"过"的河 …………… 015
13 比一比（一）…………… 008	28 失窃案 …………… 016
14 比一比（二）…………… 008	29 无法磨灭的字迹 …………… 016
15 谁的房间大 …………… 009	30 三个开关 …………… 017

31	一半的终身监禁 …… 017	38	泄密的树叶 …… 021
32	大、小圆的周长 …… 018	39	"经验"破案 …… 021
33	淘气的方格 …… 018	40	名画被盗 …… 022
34	三角形的个数 …… 019	41	月亮在看着你 …… 022
35	点睛之笔 …… 019	42	拼"11" …… 023
36	你会读吗 …… 020	43	与众不同的数字 …… 023
37	巧猜词 …… 020	44	数字填空 …… 024

第二章 能人来挑战

1	5个3的算式 …… 026	14	"石"变"全" …… 032
2	等于51的算式 …… 026	15	哪块大一点 …… 033
3	方格"金字塔" …… 027	16	六角星上的小孔 …… 033
4	填方格 …… 027	17	小小彩球 …… 034
5	不可思议的算式 …… 028	18	一笔画图 …… 034
6	填空格 …… 028	19	最短的路程 …… 035
7	14个正三角形 …… 029	20	箭头的方向 …… 035
8	巧分"60" …… 029	21	星星的选择 …… 036
9	移动火柴 …… 030	22	五边形的差异 …… 036
10	巧变正方形 …… 030	23	旋转图形 …… 037
11	巧变菱形 …… 031	24	一笔作图 …… 037
12	巧移火柴 …… 031	25	趣味猜图 …… 038
13	消失的立方体 …… 032	26	趣味九宫格 …… 038

㉗	请你摆摆看 ……………	039
㉘	它应该是几 ……………	039
㉙	网球场的面积 …………	040
㉚	趣味面积计算 …………	040
㉛	填空圈 …………………	041
㉜	数列规律 ………………	041
㉝	数一数 …………………	042
㉞	巧妙运算 ………………	042
㉟	方格中的点 ……………	043
㊱	文字迷宫 ………………	043
㊲	聪明的杨修 ……………	044
㊳	数正方形 ………………	044
㊴	趣味成语 ………………	045
㊵	飞飞的长袜 ……………	045
㊶	谁是真凶 ………………	046
㊷	哪句话是真话 …………	046

第三章　高手来过招

①	寻找"1" ………………	048
②	各就各位 ………………	048
③	积木拼字 ………………	049
④	七角星填数 ……………	049
⑤	解密蜂巢 ………………	050
⑥	数学书上的难题 ………	050
⑦	积木之谜 ………………	051
⑧	快被淹没的小岛 ………	051
⑨	谁做了好事 ……………	052
⑩	路人支招 ………………	052
⑪	弹簧的平衡 ……………	053
⑫	棋盘 ……………………	053
⑬	数矩形 …………………	054
⑭	寻"和"之路 …………	054
⑮	被小孩打败的预言家 …	055
⑯	切开的正方体 …………	055
⑰	黑白正方形 ……………	056
⑱	唯一的目的地 …………	056
⑲	火柴的智慧 ……………	057
⑳	连数字 …………………	057
㉑	过桥 ……………………	058
㉒	图形组合 ………………	058
㉓	奇妙的箭头 ……………	059
㉔	小小建筑师 ……………	059

25	图形推理 …………… 060		37	"T"的转变 …………… 066
26	本来面目 …………… 060		38	"十"字的奥秘 ………… 066
27	巧连正方形 ………… 061		39	绿色的窗户 …………… 067
28	谁不一样 …………… 061		40	爱打哑谜的妻子 ……… 067
29	黑白纽扣 …………… 062		41	"口"字的奥秘 ………… 068
30	密不可分的地板 …… 062		42	消失的古钱币 ………… 068
31	缺失的木棍 ………… 063		43	"逃跑"的硬币 ………… 069
32	被缠住的钉子 ……… 063		44	拿破仑的智慧 ………… 069
33	发现规律 …………… 064		45	古堡奇案 ……………… 070
34	黄金切割 …………… 064		46	复杂的关系 …………… 071
35	考眼力 ……………… 065		47	靶槽的铁圈数 ………… 071
36	搬箱子 ……………… 065		48	时钟的规律 …………… 072

第四章　达人大比拼

1	一共打了多少条鱼 …… 074		8	求"和"之路 …………… 077
2	比一比 ……………… 074		9	问号处的数字 ………… 078
3	等式成立 …………… 075		10	汤姆的花园小径 ……… 078
4	7个六边形 ………… 075		11	陷阱 …………………… 079
5	求单价 ……………… 076		12	转轮求和 ……………… 079
6	公园出入口 ………… 076		13	倒出鱼缸中的水 ……… 080
7	巧求三角形面积 …… 077		14	最多的区域 …………… 080

⑮	丁丁的戏法 ……………	081
⑯	黑白格子的个数 ………	081
⑰	分鱼问题 ………………	082
⑱	万能的羊圈 ……………	082
⑲	蚂蚁调兵 ………………	083
⑳	巧连线 …………………	083
21	巧变图 …………………	084
22	谁是异类 ………………	084
23	与众不同 ………………	085
24	小小五角星 ……………	085
25	回家的路 ………………	086
26	测测你的识图能力 ……	086
27	20站的旅行 ……………	087
28	小小"金字塔" …………	087
29	兄弟姐妹 ………………	088
30	猜彩球 …………………	088
31	约会地点 ………………	089
32	楼梯上的凶案 …………	089
33	工厂事故 ………………	090
34	装蛋糕 …………………	090
35	衣服的价钱 ……………	091
36	撕掉的页码 ……………	091
37	分裂的细菌 ……………	092
38	子弹的数量 ……………	092
39	方框中的点 ……………	093
40	方框中的三角形 ………	093
41	天气预测 ………………	094
42	分苹果 …………………	094
43	找出差别 ………………	095
44	数梯形 …………………	095
45	转动的轮子 ……………	096
46	不一样的图形 …………	096
47	巧妙的排列 ……………	097
48	有规律的图片 …………	097
49	图形的延伸 ……………	098
50	巧移圆形 ………………	098
51	平分方格 ………………	099
52	拼成正方形 ……………	099
53	一笔画的图形 …………	100
54	组成正方形 ……………	100
55	折叠的立方体 …………	101
56	巧填数字 ………………	101
57	填入符合规律的图形 …	102
58	图形与小圆圈 …………	102
59	找出字母 ………………	103
60	移动棋子 ………………	103

61	填写字母 …………… 104	78	移动棋子 …………… 112
62	有规律的图形 ……… 104	79	数字砖头 …………… 113
63	左右平衡 …………… 105	80	数字方框 …………… 113
64	连接9个点 ………… 105	81	巧拼长方形 ………… 114
65	金字塔顶端 ………… 106	82	巧分图片 …………… 114
66	划分区域 …………… 106	83	巧拼正方形 ………… 115
67	数正方形 …………… 107	84	补砖 ………………… 115
68	木板的长短 ………… 107	85	线条图形 …………… 116
69	平分蛋糕 …………… 108	86	牢固的门框 ………… 116
70	针的搭配 …………… 108	87	趣味图形 …………… 117
71	巧做十字图案 ……… 109	88	裁缝 ………………… 117
72	比路程的长短 ……… 109	89	一笔画 ……………… 118
73	找规律 ……………… 110	90	袋中的棋子 ………… 118
74	巧填数字 …………… 110	91	隐藏的凶器 ………… 119
75	点的轨迹 …………… 111	92	水能不能喝 ………… 120
76	巧移水壶塞 ………… 111	93	仓库被盗 …………… 121
77	多点连线 …………… 112	94	金牌盗窃案 ………… 122

参考答案 …………………………………………………… 123

1 数字填空

动动脑,想一想问号所在的位置应该填入哪个数字。

2	4	2
16	12	48
8	12	?

2 数字卡片

下面有3张数字卡片,请你将它们随意移动位置或旋转,摆出一个能被43整除的三位数。

3 奇妙的数

有这样的数字：将它乘以5后加6，得出的和再乘以4，然后加9，得出的结果再乘以5，然后减去165，遮住最终结果的最右面两位数字，就得到了最初的数。

你知道这个数是多少吗？

4 按规律找得数

请你观察下面两组算式，找出规律，完成所有算式。

A

$11^2=121$
$111^2=12321$
$1111^2=1234321$
$11111^2=123454321$
$111111^2=$
$1111111^2=$
$11111111^2=$
$111111111^2=$

B

$6^2=36$
$66^2=4356$
$666^2=443556$
$6666^2=44435556$
$66666^2=4444355556$
$666666^2=444443555556$
$6666666^2=$
$66666666^2=$

5 巧填数字

请你观察下面的数字,看看其中有什么规律,想一想问号处应该填什么数字。

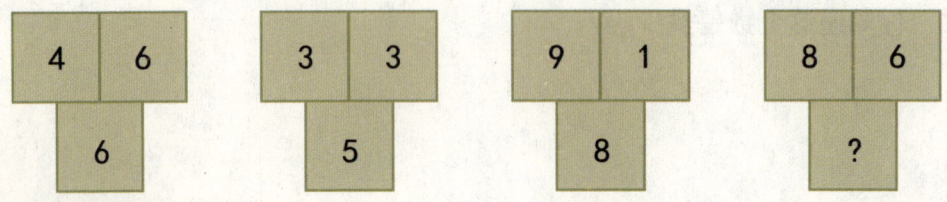

6 抢30

有一个游戏叫作"抢30"。游戏规则是这样的:两个人轮流报数,第一个人从1开始,按照顺序报数,他可以只报1,也可以报1、2;第二个人接着第一个人报的数往后报下去,最多只能报两个数,但不能一个数都不报。例如:第一个人报的是1,第二个人可报2,也可以报2、3;如果第一个人报了1、2,第二个人可以报3,也可以报3、4。接下来,仍然由第一个人接着报。如此轮流下去,谁先报到30,谁就赢。

A每次都让B先报,但每次都是A赢。

你知道A赢B的秘诀是什么吗?

7 填方阵

下面有10组数字,请你选择5组数字填到图示的方阵中,使方阵横看、竖看仍然是这10组数字中的一组。

1 1 0 3 4,   1 2 4 7 8,
2 0 4 9 2,   3 2 1 3 8,
3 4 0 5 4,   3 6 3 5 1,
3 9 5 6 7,   5 9 3 6 1,
6 0 1 9 3,   8 3 4 1 8。

8 错误的算式

下面是一个由火柴摆放而成的等式,但是由于粗心,这个等式变成了错误的算式。请你移动一根火柴,使错误的算式变成正确的等式。

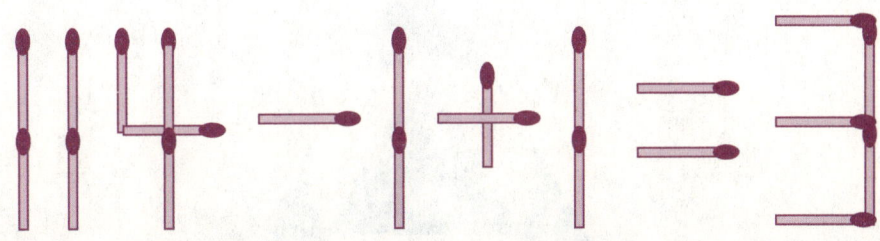

9 火柴等式

下面是用火柴摆成的一个错误的等式,请你在算式中移动一根火柴,让它变成正确的等式。

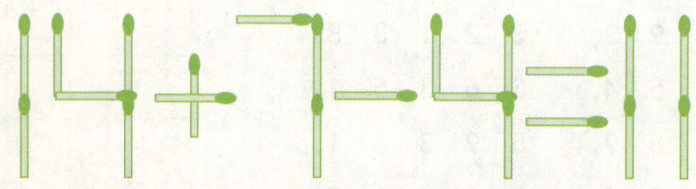

10 比面积

在一个大的等边三角形内放置一个圆,在圆内再放置一个小的等边三角形。请问大三角形的面积是小三角形的几倍?

第一章 • 新手来看看

11 两条线是否平行

仔细观察下图中两条线,请问:它们是笔直且平行的吗?

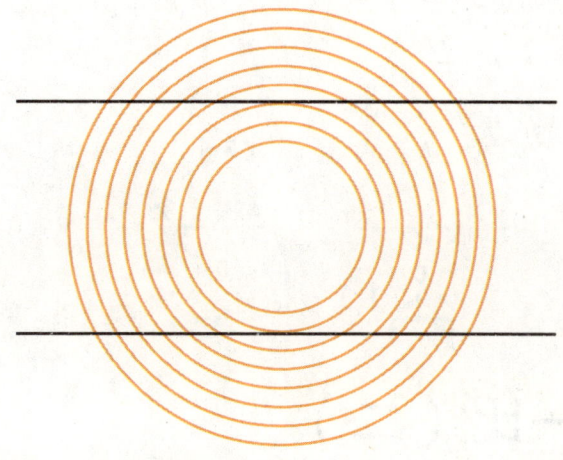

12 云朵变山丘

下面是一幅云朵的图,你能稍做改动,让它变成一幅山丘的图吗?

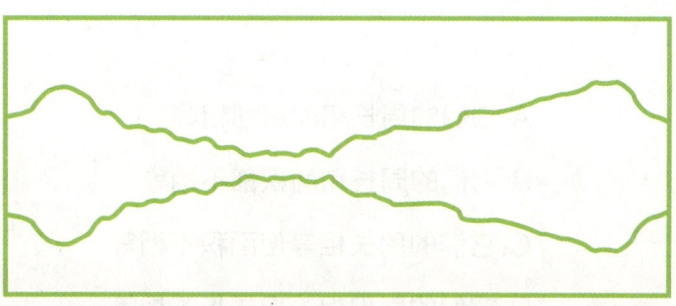

13 比一比（一）

A和B哪个角度大？正方形C和D哪个面积大？

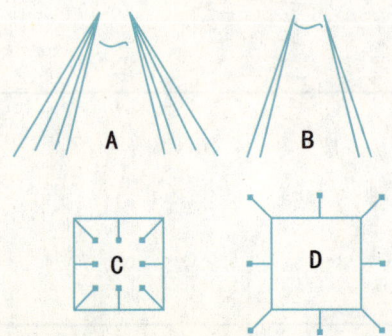

14 比一比（二）

下图中，关于图形A和图形B的说法，正确的是（　　）。

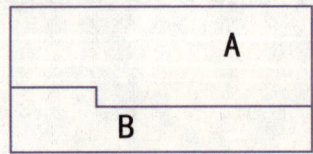

A.它们的周长和面积都相等

B.它们的周长和面积都不相等

C.它们的周长相等但面积不相等

D.它们的面积相等但周长不相等

15 谁的房间大

下图中,白兔和灰兔的房间都是用三角形围成的。现在请你判断一下,白兔和灰兔谁的房间大?

16 找特殊

下列图形中有一张图比较特殊,请你把它找出来。

17 围图形

请你用同样的6根火柴，围成比这3个图形面积更大的图形。

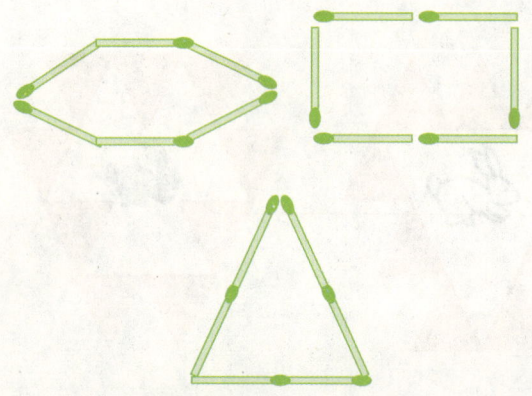

18 小鱼翻身

图1是用8根火柴摆成的小鱼图形，若要移动其中的3根，使它完成180°转弯，变成图2，应该怎么移动？

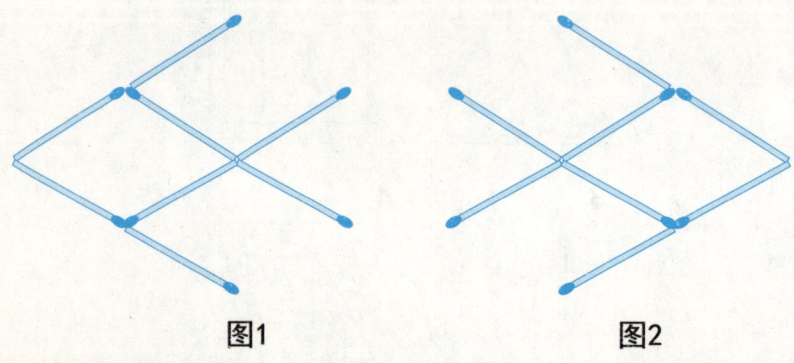

图1　　　　　　　　　图2

19 金鱼的蜕变

请你移动4根火柴,使这条金鱼变成一只蝴蝶。

20 转椅子

下面这把由火柴拼成的椅子翻倒了,请问至少要移动几根火柴,才能使椅子摆正呢?

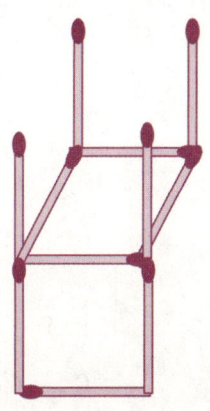

21 "三角"变"五角"

下图是6个小的直角三角形,你能够将它们拼成一个大五角星吗?

22 图形推理

下面的5个选项中,哪个是正确的类推结果?

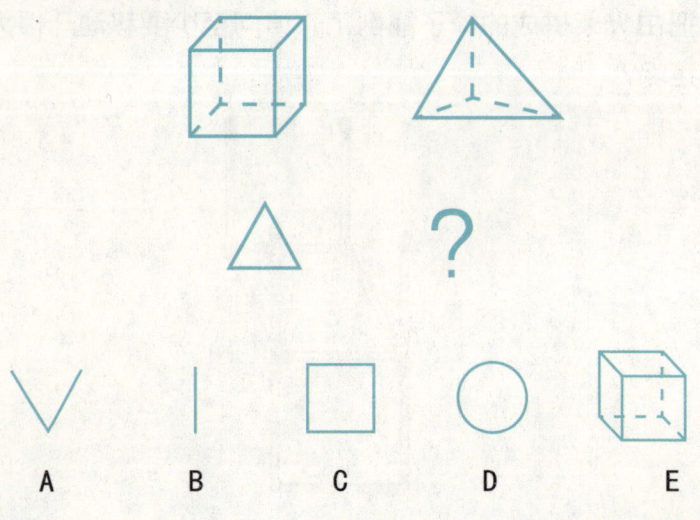

第一章·新手来看看

23 巧妙取水

现在有一个空烧杯、一枚大头针、一个木塞、一个玻璃水盆、少量的水和一根火柴。请你在不移动、不倾斜水盆以及不借助其他任何物品的条件下,将水盆中的水装进烧杯中。

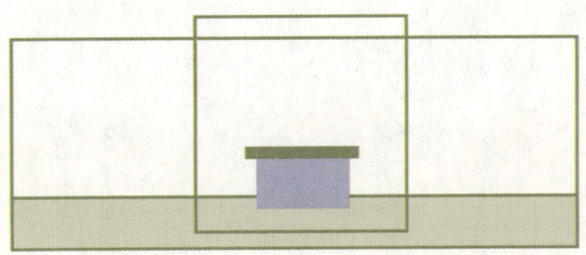

24 鱼形图案

你能数清下面这个鱼形图案中一共有几个三角形吗?

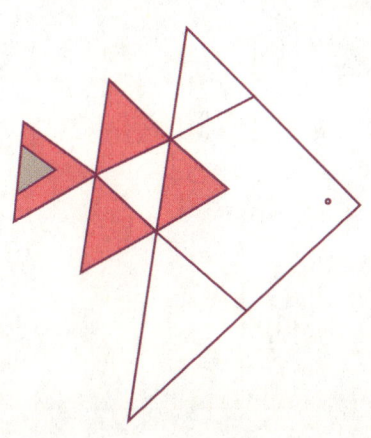

013

25 搭帐篷比赛

夏令营里有一项最特别的活动,就是搭帐篷比赛。活动要求要把帐篷搭得和老师搭的一模一样。学员们搭起11顶帐篷,他们的帐篷看上去各不相同,但有一个学员搭的帐篷和老师搭的一模一样。你能看出是哪两顶帐篷一模一样吗?

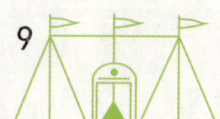

第一章·新手来看看

26 测距离

有一张不规则的白纸，现在要在这张纸上画4个点。要求这4个点相距较远，并且其中2个点间的距离与另外2个点间的距离相等，不能使用任何测量工具。请问：该怎么做？

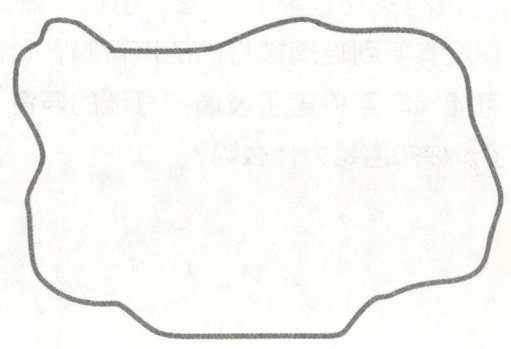

27 难"过"的河

有两个人想要过河。不巧的是，这条河上没有桥。他们想要过河，只能依靠一条一次只能载一个人的船。但是，最后这两个人还是都过了河。请问：他们是怎么过的河？

28 失窃案

某厂办公室保险柜内的5万元现金被盗。小偷似乎是从外面将玻璃打破后，打开窗户，跳进来作案的。办公室里，玻璃碎片满地都是。工厂当晚值班人对警方说："半夜零点时，我起床巡视，看到窗户关得好好的，窗帘也拉着，没有失窃迹象。我想，小偷大概是在零点后作的案。"警方问："你没有听到玻璃被打碎的声音吗？"值班人说："工厂旁边就是铁路，可能火车声掩盖了玻璃被打破的声音。"警方听了，马上把这个人带走了。你知道是为什么吗？

29 无法磨灭的字迹

张琳的邻居在张琳家门口立了一块很厚的木板，挡了张琳家的阳光，让张琳家变得不再亮堂。张琳很生气，就将印了"违法搭建"四个字的纸贴在这块木板上，可是这张纸马上就被邻居撕掉了。后来，张琳想到一个好办法，在木板上印了这四个字，不管邻居怎么擦、覆盖或者挖木板，都无法让木板上的字消失。请问：张琳是怎么做到的？

30 三个开关

房间里有三盏灯，房外有三个开关。在房外看不见房内的情况下，假如你只能进门一次，你用什么方法来区分哪个开关控制哪一盏灯呢？

31 一半的终身监禁

一个法官到监狱里来探查。这一天他心情十分畅快，就随便指着一个犯人对看守监狱的监狱长说："他的刑期有多长？"

监狱长说："他被判终身监禁。"

"哦，那就给他换成一半的终身监禁。"法官说道。

这可难坏了监狱长，他完全不知道"一半的终身监禁"该怎么判，但他妻子帮助他巧妙地解决了这个难题。你知道是怎么解决的吗？

32 大、小圆的周长

现在有5个圆,4个小圆刚好可以横排放进大圆里,如下图所示。请问:4个小圆的周长之和与大圆的周长相比,哪个更长一点?

33 淘气的方格

如下图所示,三组方格的位置原来是固定的。试着这样做:把每组中的一个且只能是一个数字方格与其他组的方格进行交换,将整个图形重新排列,从而使每组数字的总和都与其他各组数字的总和相等。

34 三角形的个数

仔细观察下面的图形，数一数这个由五边形和五角星组成的图形里有多少个三角形。

35 点睛之笔

请在这些汉字上添一笔，使它们变成另外的字。

刁	士	尤	勿	立	日	王	叶	史	乜

月	灭	头	和	去	舌	亚	西	什	烂

36 你会读吗

下面有一座用文字堆起来的小山,其实这是一首诗,请你试着读一读吧。

开
山满
桃山杏
山好景山
来山客看山
里山僧山客山
山中山路转山崖

37 巧猜词

根据下面的5个提示,猜出一个与这5个提示相关的名称。

(1)平原、沙丘、矿质沙漠
(2)三毛
(3)地理名字
(4)用中文表达是5个字
(5)900多万平方千米

38 泄密的树叶

有人在树林的深处发现了一辆敞篷跑车，车里有少许树叶和一具女尸。警长到达现场后问警员："有什么发现吗？"

"初步确定是自杀，我们在死者手中发现了毒药。经过法医鉴定，死者死于四天前。"警员说。

"有没有其他线索？"

"没有，地上铺满了树叶，没有发现其他脚印。"

警长思考了一分钟，然后对大家说："立即分散去树林里寻找可疑人物。这个人肯定是被谋杀的，而且是被杀之后才被拖到这里来的，这里不是第一凶案现场。凶手肯定还没走远，立即实施抓捕。"

三个小时后，警方在树林里抓获了凶手。

你认为警长是如何判断死者是被杀的？

39 "经验"破案

盛夏的正午，有人在森林深处发现一顶帐篷。帐篷搭建在一棵大树下，里面有一具尸体，死者是一位经验丰富的自然学家。看来他是在帐篷里被人杀害的，然而警官认为自然学家是在别的地方被人杀害后再运到此处的。

你认为警官的判断正确吗？

40 名画被盗

一位富翁报案说他家有一幅名画被盗了，并要求保险公司赔偿。保险公司请大侦探一起到现场了解案情。

富翁说："北方的冬天就是冷。昨天晚上我一个人在家，忽然停电了，我觉得无聊，就去一个朋友家了。今天早上一回来，我就请来电工修好了电路。"过了一会儿，他又补充说："我刚准备休息一下，就发现挂在卧室里的那幅名画不见了。"

"没有什么可疑迹象吗？"大侦探问。

"我没发现。"

"你养在鱼缸里的热带鱼真漂亮。"

"我的爱好很多，这是其中一项。不过养热带鱼太麻烦了。"

"恐怕你还有更大的麻烦呢。"

大侦探为什么这么说呢？

41 月亮在看着你

江南的一个小镇上，一条蜿蜒的河流由西向东不停流淌。一个月圆之夜，一起谋杀案打破了小镇的平静。经过法医鉴定，案发时间应该在晚上10点钟左右。警方很快就抓住了嫌疑犯。警官问嫌疑犯："晚上10点钟左右，你在哪里？"

嫌疑犯回答："我在河边和我的好朋友一起聊天。"

"当时你坐在哪里？"

"我坐在河的南岸，还看见圆圆的月亮映在河面上，美极了！"

警官说："你在说谎，看来你就是凶手。"

你知道警官是根据什么判断出嫌疑犯在说谎的吗？

42 拼"11"

请用3根火柴分别拼出两种"11"的写法。

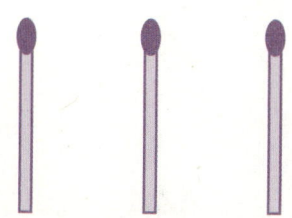

43 与众不同的数字

下列数字中有一个数字与众不同,你能将它找出来吗?

91　55
37　46
19　64　26

44 数字填空

请在问号处填入正确的数字。

377	196	426
1791	444	1902
321	808	523
826	?	982

1 5个3的算式

请在下列10道算式中添上四则运算的符号及括号，使等式成立。

(1) 3　3　3　3　3 = 1　　(2) 3　3　3　3　3 = 2

(3) 3　3　3　3　3 = 3　　(4) 3　3　3　3　3 = 4

(5) 3　3　3　3　3 = 5　　(6) 3　3　3　3　3 = 6

(7) 3　3　3　3　3 = 7　　(8) 3　3　3　3　3 = 8

(9) 3　3　3　3　3 = 9　　(10) 3　3　3　3　3 = 10

2 等于51的算式

请在下列算式中添上四则运算符号，使等式成立。

(1) 1　2　3　4　5　6　7 = 51

(2) 2　3　4　5　6　7　1 = 51

(3) 3　4　5　6　7　1　2 = 51

(4) 4　5　6　7　1　2　3 = 51

(5) 5　6　7　1　2　3　4 = 51

(6) 6　7　1　2　3　4　5 = 51

(7) 7　1　2　3　4　5　6 = 51

第二章 • 能人来挑战

3 方格"金字塔"

观察下图左边的方格"金字塔"的规律,你知道右边的方格"金字塔"中的问号处应该填什么数字吗?

```
        4
      2   3
    2   3   6
  2   5   7   4
```

```
        7
      1   4
    9   ?   1
  4   3   8   0
```

4 填方格

请在下图的空白方格内填上适当的数,使得每行、每列和对角线的数字之和为27。

		9		
		6		
2			7	
	6			3

027

5 不可思议的算式

通过计算我们可以知道，12345679×9＝111111111，12345679×18＝222222222，12345679×27＝333333333，类似的算式还有很多。仔细观察下面的算式，你可以快速地得出答案吗？（注意：别用计算器！）

12345679×（　）＝444444444
12345679×（　）＝555555555
12345679×（　）＝666666666
12345679×（　）＝777777777
12345679×（　）＝888888888
12345679×（　）＝999999999

6 填空格

请将1～10这10个数字填入下图中的圆圈内，使图中所有小四边形的四个角上的数字相加等于20。

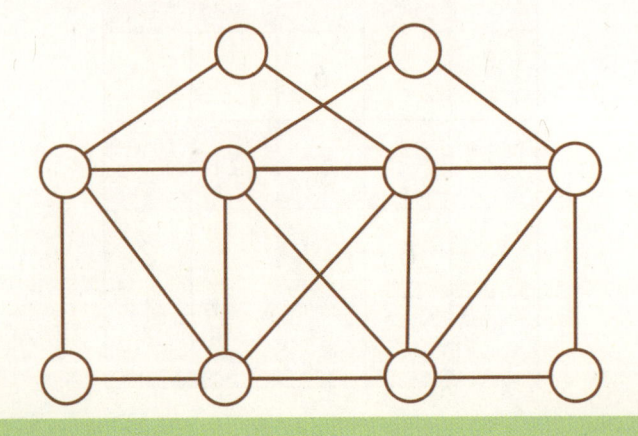

7　14个正三角形

如图所示，有4个正三角形。你能否再添加1个正三角形，使其变成14个正三角形呢？

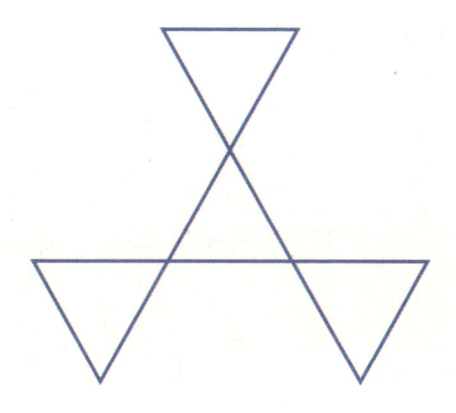

8　巧分"60"

如图所示，一块方形纸上布满了数字。请你用3条直线将这个正方形分成5部分，使每个部分所包含的数字总和都等于60。

9 移动火柴

下图是用20根火柴拼成的图形，要求只能移动其中的4根火柴，使它变成3个形状相同，面积也一样的图形。

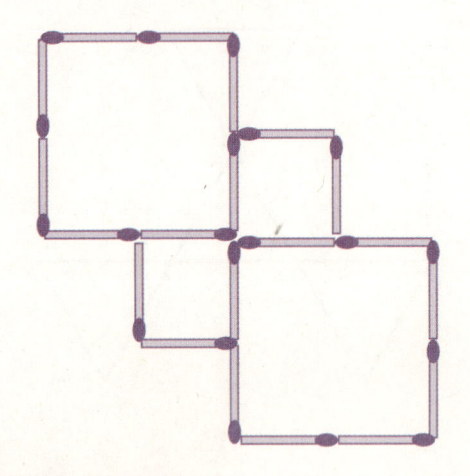

10 巧变正方形

下图是用24根火柴组成的一个"回"字形。请你移动其中的4根火柴，使其变成3个正方形；然后移动其中的8根火柴，使其变成9个正方形；再去掉其中的8根火柴，使其变成5个正方形。

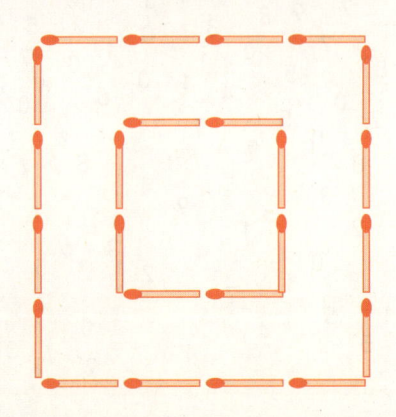

11 巧变菱形

下图是用18根火柴摆出的六角星。请你移动其中的6根火柴，使其变成6个大小相等的菱形。

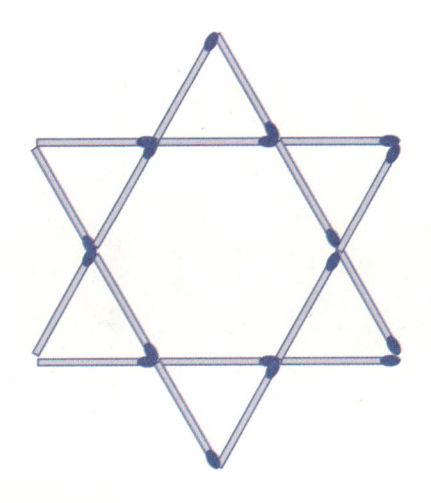

12 巧移火柴

下图方格里的数字都是用火柴组成的。请你移动其中的1根火柴，使每一行和每一列里的数字之和都相等。

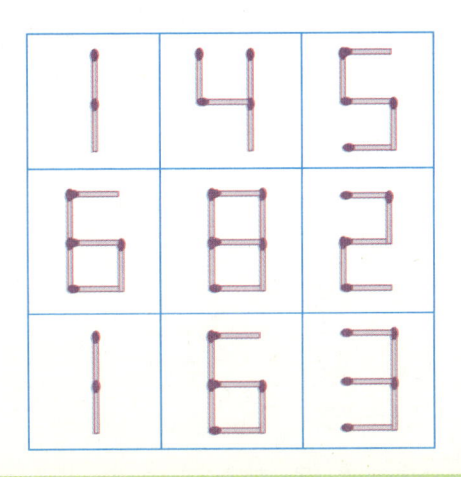

13 消失的立方体

下图是用51根火柴摆成的7个立方体。请你拿掉5根火柴，使立方体从图中消失。

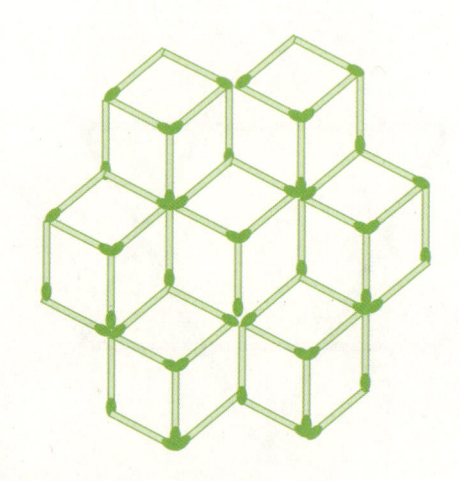

14 "石"变"全"

下图用8根火柴拼成了一个"石"字，每移动2～3根火柴，它就会变成另一个字，移动4次后，可变成"全"字。请问：移动的4次分别是哪四个字？

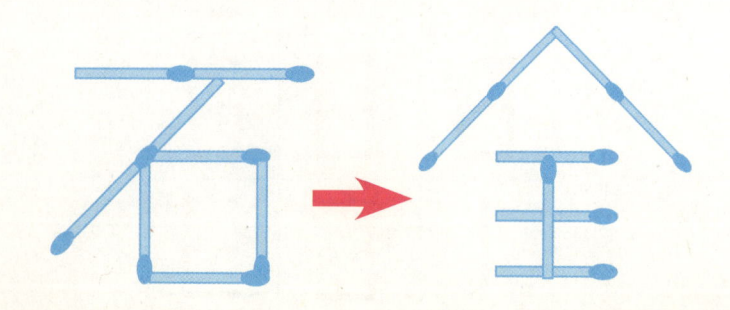

15 哪块大一点

有两块厚度和质地相同，但表面积不相上下，形状极其不规则的铁片。如果你要送一块给别人，把大的一块留给自己，你该如何选择？

16 六角星上的小孔

下图是一个非常漂亮的六角星，它的表面均匀地布满了小孔。请问：你能快速地知道这个六角星上一共有多少个圆孔吗？

17 小小彩球

桌子上有19个一模一样的杯子，按照图中的方式摆放在一起。现在给你足够多的红、黄、蓝、绿4种颜色的小球，请按照以下要求将小球放入空杯中。

每种颜色的小球至少放3个。
每个绿球正好和3个红球相邻。
每个蓝球正好和2个黄球相邻。
每个黄球至少和1个红球、1个绿球、1个蓝球相邻。

18 一笔画图

这个图可以一笔画出，且任何线条都不重复。你知道怎么画吗？

19 最短的路程

下图是一个正方体。一只青虫要从A点爬到G点，请你为它寻找一条最短的路线。

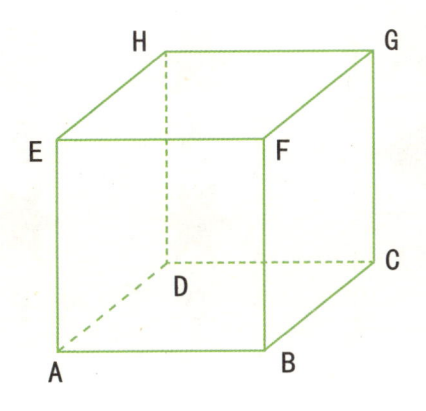

20 箭头的方向

下面的图形是按照一定的规律摆放的。按照这一规律，接下来的图形应该是A、B、C、D中的哪一项呢？

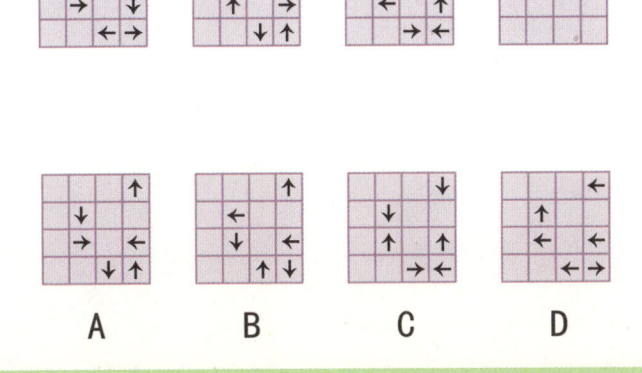

A　　B　　C　　D

21 星星的选择

下面哪一颗星星应该放在问号处呢?

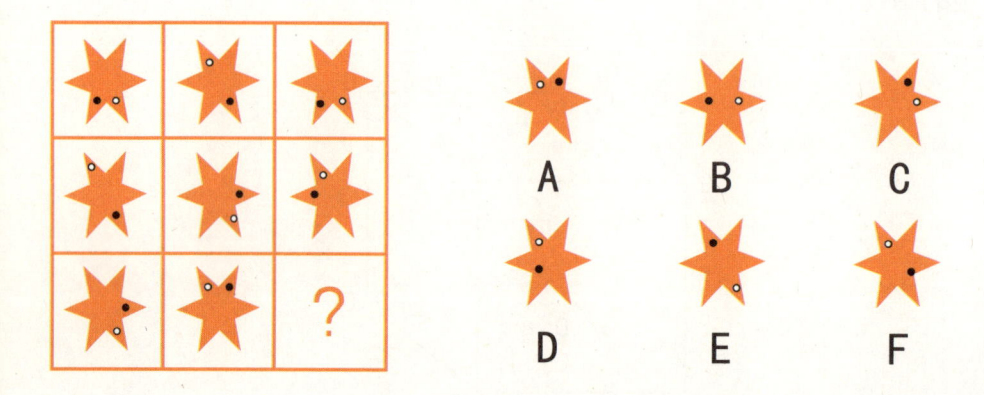

22 五边形的差异

图中标注问号的地方应该填入哪一个选项?

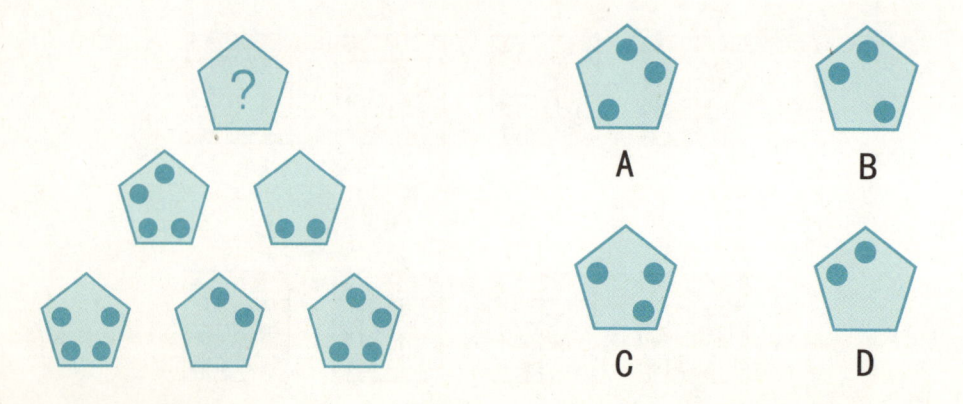

23 旋转图形

可以取代问号位置的图形应是A、B、C、D中的哪一个？

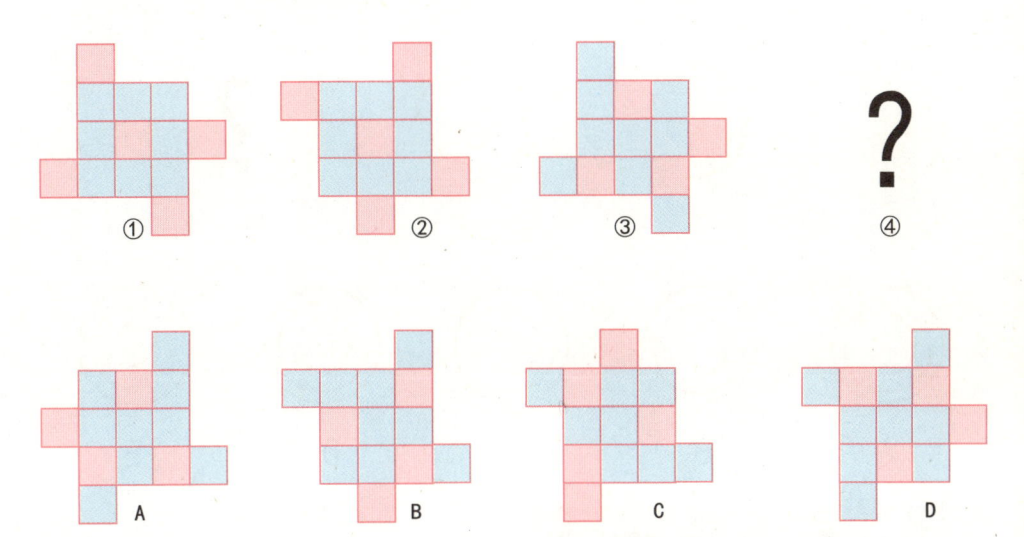

① ② ③ ④

A　B　C　D

24 一笔作图

仔细观察下面的图形，哪一个图形一笔画不出来？

A　B　C　D

037

25　趣味猜图

你知道下一个图是什么样的图吗?

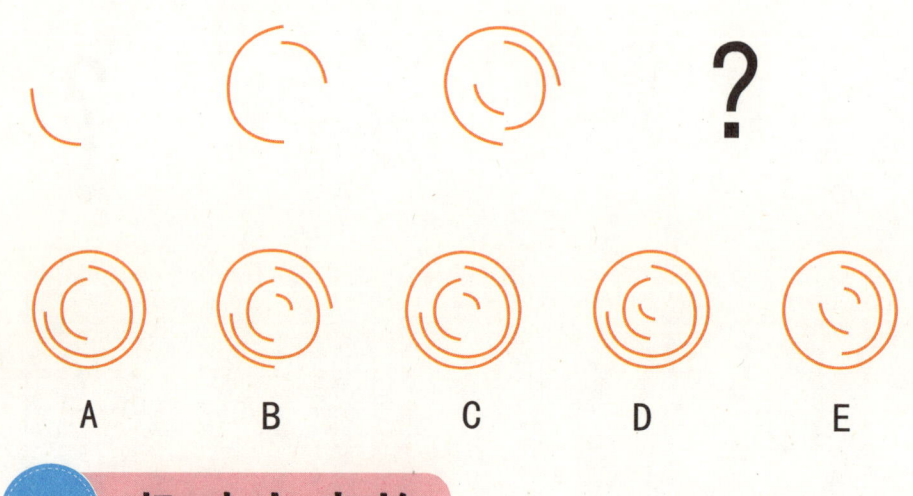

A　B　C　D　E

26　趣味九宫格

下图是一个九宫格。请你将1~9这9个数字按照一定的方式填入九宫格中,使九宫格的每一行、每一列以及对角线上的3个数字之和都相等。

27 请你摆摆看

现在你手里有1~8这8个数字的号码牌，请将这8个号码牌放到下面图形中的圆形空格中，要求由线段连接的两个相邻的圆中的数字之差不能为1。例如：线段的一端放的是4的号码牌，那么3和5就不能放在线段的另一端。

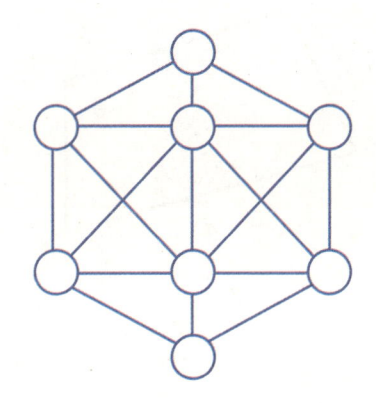

28 它应该是几

现在有3个饼状图，前2个已经完整了，请你仔细观察它们的规律，求出第3个图中问号的值。

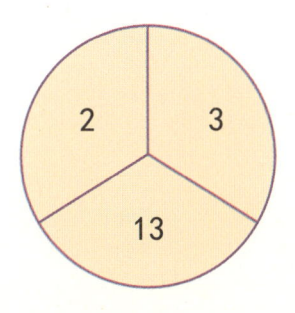

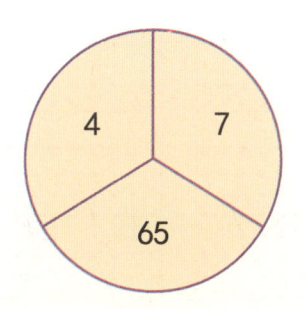

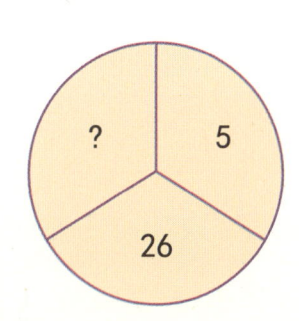

29 网球场的面积

一个在建的小区里有一块空地（如下图），现在要在空地上修建一个网球场，网球场的位置如图中黑线所示。如果每个小正方形的边长等于1，你能求出这个网球场的面积吗？

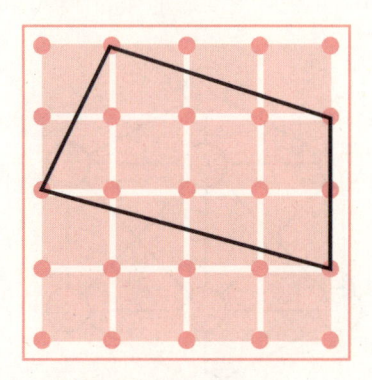

30 趣味面积计算

现在有4个图形，假如每个小正方形的边长为1，请求出这些不规则图形的面积。

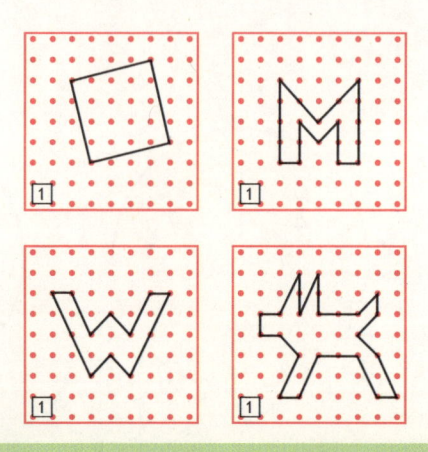

31 填空圈

下图是大小不一的圆组成的图形，在圆上及圆与圆的交点上共有9个小圆。试着把1~9这9个数字填到合适的小圆中，使每个圆上的4个小圆中的数字之和都为19。

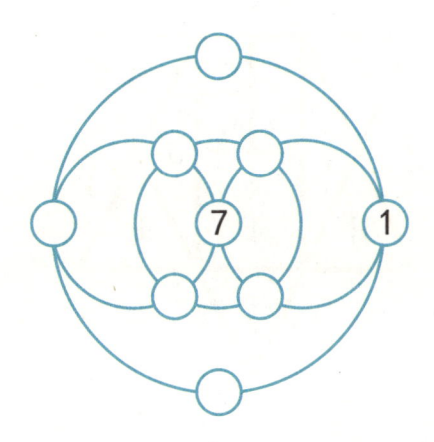

32 数列规律

下面这张数字表里数的排列存在着某种规律，你能找出规律，填出括号里的数吗？

2	5	6	7	11
8	10	( )	4	18
6	10	12	9	20

33 数一数

数一数，下图中的三角形、方形各有多少个？

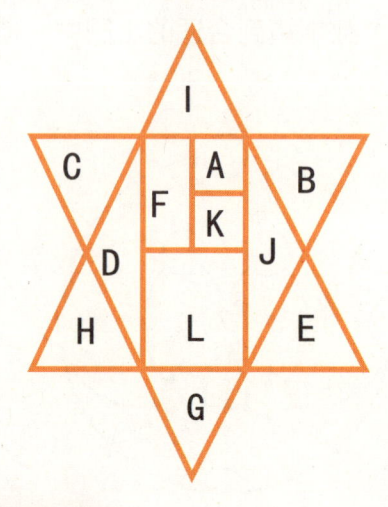

34 巧妙运算

每个运算符号的改变可以从根本上改变一个式子的结果。请在下面的等式中填上合适的符号，使等式全部成立。你可以使用的符号有：+、-、×、÷以及（ ）。

$$1 = 5 \quad 5 \quad 5 \quad 5$$
$$2 = 5 \quad 5 \quad 5 \quad 5$$
$$3 = 5 \quad 5 \quad 5 \quad 5$$
$$4 = 5 \quad 5 \quad 5 \quad 5$$
$$5 = 5 \quad 5 \quad 5 \quad 5$$
$$6 = 5 \quad 5 \quad 5 \quad 5$$

第二章 • 能人来挑战

35 方格中的点

仔细观察下图,想想空格处应该放入A~F中的哪一个?

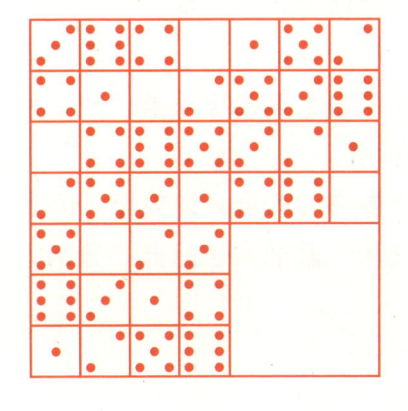

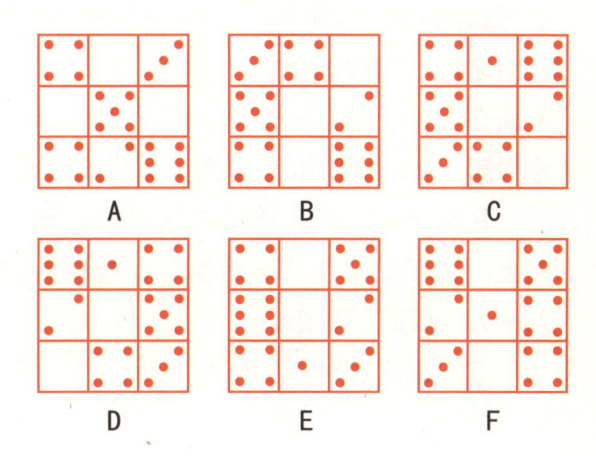

36 文字迷宫

下图是一个文字迷宫,总共有63个字。请你从"起点"两个字开始进入,从"终点"两个字出来。只能横着或者竖着走,不能斜跨,并且所走的相邻的两个字必须能够组成一个词语。

时	常	平	面	起	来	朝
居	住	和	面	点	头	脑
言	格	体	字	数	口	袋
论	乐	气	活	生	信	心
文	章	品	物	书	念	境
句	节	省	国	者	作	界
由	自	亲	民	景	风	雨
来	临	终	最	色	船	量
眼	目	点	要	纸	鱼	类

043

37 聪明的杨修

曹操身边有一个叫杨修的部下,他的能力出众,每次总能准确地猜中曹操的心思。有一次,工人们刚刚建造完一座宫殿,曹操前来巡查。看完之后,曹操虽然口中称赞,但仍然有个地方令他不悦。走的时候,曹操在大门上写了一个大大的"活"字。文武百官都百思不解,只有杨修告知工人们把门拆了重修,而且要修得简单些。

又有一次,有人给曹操送了一盒酥。曹操并没有拆开这盒酥,而是在上面写了三个字"一合酥"。杨修看到之后,就把盒子打开,分给大家一人一口吃了起来。

你知道这是为什么吗?

38 数正方形

下图中一共有多少个正方形?

39 趣味成语

(1) 成语加法

（　）龙戏珠 +（　）鸣惊人 =（　）令五申

（　）敲碎打 +（　）来二去 =（　）事无成

（　）生有幸 +（　）呼百应 =（　）海升平

（　）步之才 +（　）举成名 =（　）面威风

(2) 成语减法

（　）全十美 −（　）发千钧 =（　）霄云外

（　）方呼应 −（　）网打尽 =（　）零八落

（　）亲不认 −（　）无所知 =（　）花八门

（　）面楚歌 −（　）顾茅庐 =（　）落千丈

40 飞飞的长袜

飞飞是一名出色的击剑手。在一次很重要的比赛前，他决定好好打扮一番再参加比赛。他要找一双长袜。衣柜底下的抽屉里有10双白色长袜和10双灰色长袜。但是，由于只有1根蜡烛，光线太暗，以至于他无法辨认哪只是白色的，哪只是灰色的。

你认为飞飞要从抽屉里至少拿出几只袜子，才可以保证搭配成一双相同颜色的袜子呢？

41 谁是真凶

在一个寒冷的夜晚，往日宁静的小镇突然出现了一阵混乱的枪声。枪声过后，陈医生的诊所里冲进来一个陌生人。他对陈医生说："我刚才穿过大街时突然听到了枪声，接着看到两个警察在追一个犯人，我也跑过去和警察一起追。但是在你诊所后面的那条死胡同里，我们遭到了那个人的伏击，两名警察都被打死了，我也受伤了。"

陈医生听了他的讲述，表示很同情，并且迅速为他展开治疗。陈医生从他的背部取出了两颗弹头，并且把自己的衣服给他穿上，又为他的右臂绑好绷带。

这时，丁警长和一名殡仪员冲了进来。殡仪员说："就是他！"陌生人忙解释道："我不是犯人，我是帮你们追犯人的！"殡仪员说："你背部中弹了，说明你就是犯人。"

在一旁目睹一切的丁警长对殡仪员说："你误会了，这个伤者不是真凶！真正的凶手是你！"

丁警长为什么这么肯定呢？你知道这是怎么回事吗？

42 哪句话是真话

桌子上放着4个盘子，每个盘子只装有一样食品，并附有一句话：
第一个盘子：所有的盘子中都是水果糖。
第二个盘子：本盘中是苹果。
第三个盘子：本盘中不是巧克力。
第四个盘子：有些盘子中不是水果糖。
如果其中只有一句话是真话，那么以下选项中的哪一项为真话？
A. 所有的盘子中都是水果糖　　B. 所有的盘子中都不是水果糖
C. 所有的盘子中都不是苹果　　D. 第三个盘子中是巧克力

第三章
高手来过招

1 寻找"1"

从下面的数字中找出5个数字和配套的运算符号进行运算，使运算结果为1。

+190	×12	−999	×4	−87	+29	×9	−576
−94	+65	×22	−435	×7	×8	+17	+117

2 各就各位

数字1~13迷失了它们的方位。请你将它们填入圆圈中，且不能重复，使每个小方块上的6个圆圈内的数字之和都相等。

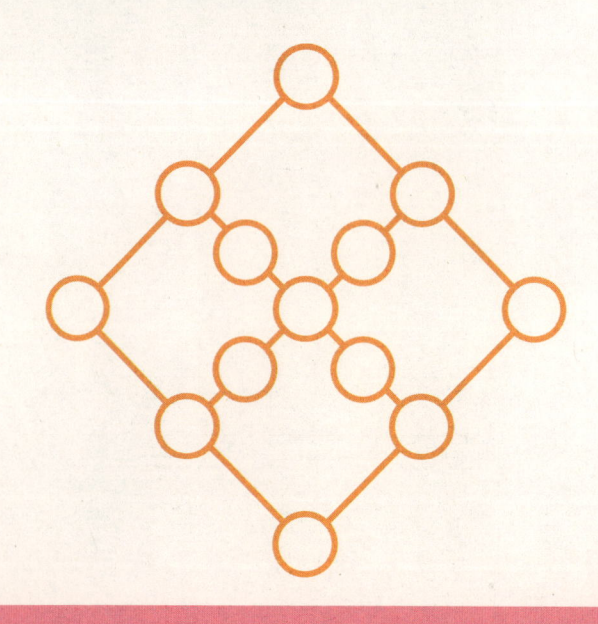

3　积木拼字

下面这5块积木可以拼成汉字"上",你知道怎么拼吗?

4　七角星填数

下图的七角星中有15个小圆圈。请把1~15这15个数分别填入圆圈中,使每一个菱形上的4个圆圈内的数字总和都为30。

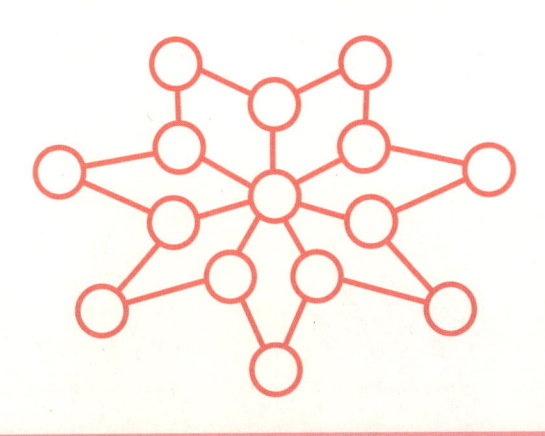

049

5 解密蜂巢

如图所示，你能否将这个蜂巢补充完整？请将1～19这19个数字填入空格中，使蜂巢的每一行及斜行上的数字之和都是38。

6 数学书上的难题

数学书上有一道难题，许多人都解不出来。请你仔细观察下面的图，填出问号处的数字，解出这道难题。

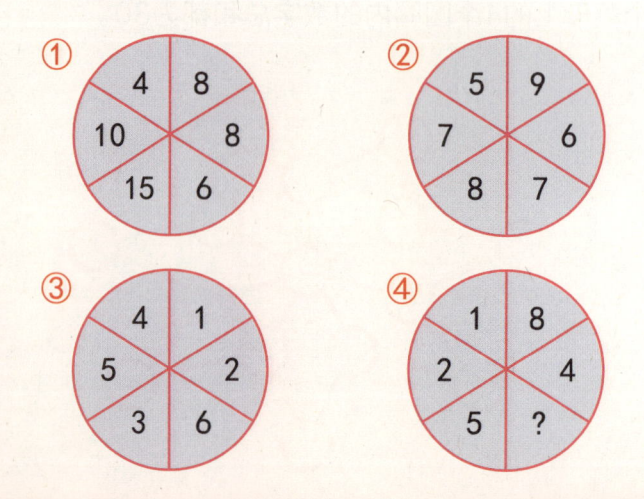

① 4 8 10 8 15 6

② 5 9 7 6 8 7

③ 4 1 5 2 3 6

④ 1 8 2 4 5 ?

7 积木之谜

下图是由5块标有不同数字的积木堆成的，可是，其中位于A处和B处的数字被磨掉了。仔细观察，你能找到数字中的规律，然后求出A和B的值吗？

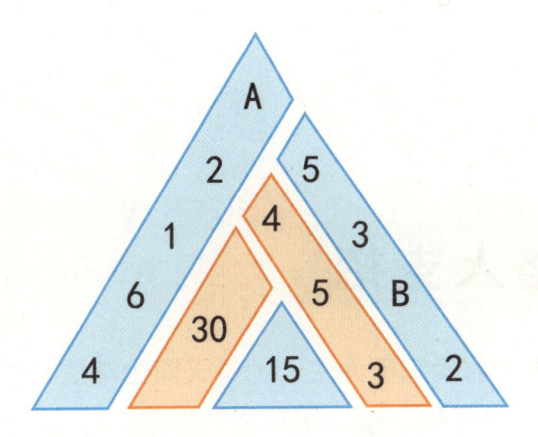

8 快被淹没的小岛

海啸来了，小岛逐渐被不断漫延上来的海水淹没，只剩下一小块陆地。岛上只有一艘救援船，这艘船只能容下5个人。小岛离附近最近的岛屿有4分钟的路程，20分钟之后小岛就会彻底被淹没。小岛上共有25个人，请问最多有多少个人可以获救？

9 谁做了好事

甲、乙、丙三人中有一人做了一件好事。他们各自都说了一句话，而其中只有一句是真的。甲说："是乙做的。"乙说："不是我做的。"丙说："也不是我做的。"请问：到底是谁做的好事？

10 路人支招

一位老太太靠卖鸡蛋为生。她每天卖生鸡蛋、茶叶蛋各30个，其中生鸡蛋每3个卖1元钱，茶叶蛋每2个卖1元钱，这样一天可以卖得25元钱。忽然有一天，有一个路人告诉她，把生鸡蛋和茶叶蛋混在一起，每5个卖2元钱，可以卖得快一些。第二天，老太太就尝试着这样做，结果却只卖得了24元钱。老太太很纳闷，鸡蛋没少，怎么少了1元钱。这1元钱去哪儿了呢？

11 弹簧的平衡

一根弹簧，一端用一根绳子系在天花板上，另一端用一根绳子系在地板上，拉紧弹簧。这时，弹簧上的指针读数为100千克。然后，依次把重50千克、100千克和150千克的砝码挂到弹簧上。弹簧上的指针读数分别为多少？

12 棋盘

请将下图中的图形部分填入下面的棋盘中，要求每行与每列中的图形都不能重复。你知道该怎么做吗？

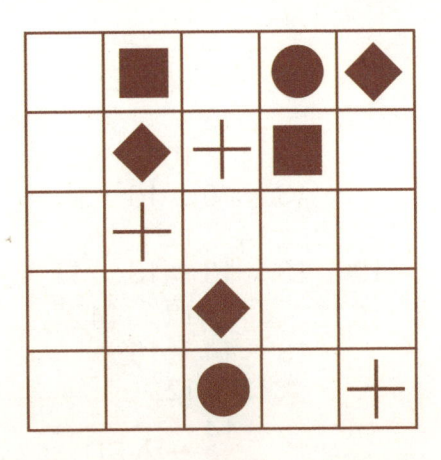

图形：◆ ● ✚ ■ ▲

13 数矩形

下图中一共有多少个矩形？

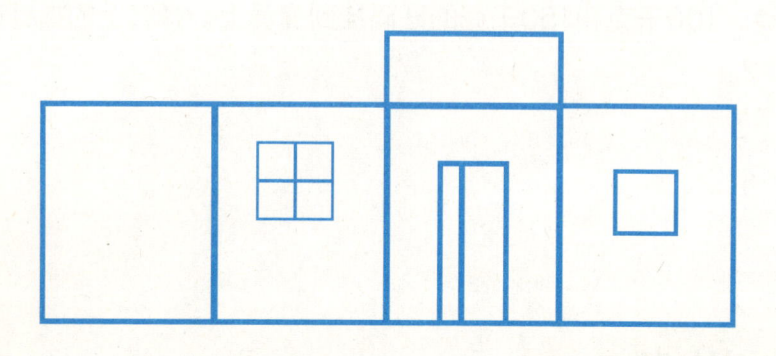

14 寻"和"之路

下面的格子中填满了数字，下端是入口，上端是出口。一步只能走一格，不能重复走。现在请你寻找一条路，使得从入口到出口走过的数字之和最大。

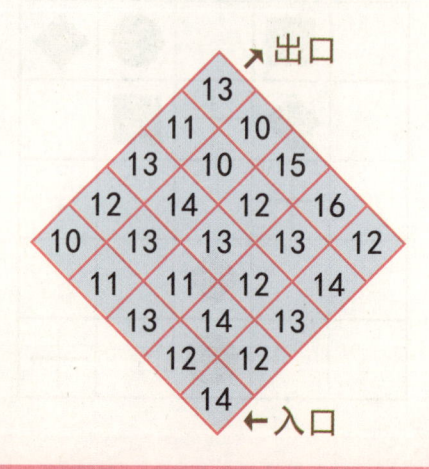

15 被小孩打败的预言家

达尔瓦迪是生活在印度的一个预言家。他经常在大众面前吹嘘自己的预言能力无人能比，说自己可以预知世界上的所有事情。但是有一天，一个10岁的小孩用一句话就打败了他。小孩对达尔瓦迪说："我在一张纸上写了一件事，它在下午3点前可能发生，也可能不发生。如果你认为这件事会发生，就在另一张纸上写'是'字；如果你认为它不会发生，就在纸上写'不'字。要是你写错了，那你就得在众人面前承认自己是个骗子。"请问：小孩究竟写了什么，打败了预言家呢？

16 切开的正方体

一块橡皮泥被幼儿园的几个小朋友捏成了一个正方体，这个正方体的6个面上都染了绿色的颜料。孩子们把正方体切开（如下图所示），他们开始研究这样几个问题：

1. 有3个面上染色的小正方体有几个？
2. 有2个面上染色的小正方体有几个？
3. 只有1个面上染色的小正方体有几个？
4. 没有染色的小正方体有几个？

17 黑白正方形

有一张"台阶图"的每一层都是由黑色和白色的正方形交错组成的,且每一层的两端都是黑色的正方形。如果第1层到第4层(从上到下)如图所示,那么,第1993层中白色的正方形的个数是多少?

18 唯一的目的地

不要使用指示物,只用眼睛看。标有数字的路线中,哪一条能够到达标有字母的目的地?

19 火柴的智慧

如下图所示，火柴摆出的等式并不完全成立。请你只移动2根火柴使等式成立。

$$3=4+5+9=7$$
$$+\qquad\qquad+$$
$$2\qquad\qquad 8$$
$$+\qquad\qquad+$$
$$1\qquad\qquad 9$$

20 连数字

如图所示，请用直线连接横向或者纵向的红点，形成一个没有交叉和分支的环。每个数字代表环绕在它周围的线段的数量，没有标注数字的点可以被任意数量的线段围绕。

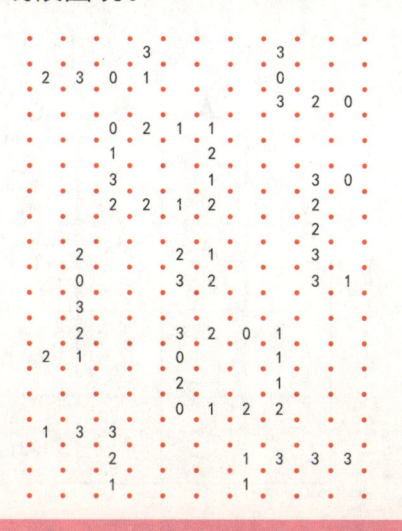

21 过桥

漆黑的夜晚，小明一家人要过一座桥，而他们手上只有一盏30分钟后就会熄灭的应急灯。已知小明过桥用时1分钟，小明的弟弟用时3分钟，小明的爸爸用时6分钟，小明的妈妈用时8分钟，小明的爷爷用时12分钟。此桥每次最多可过2人，其中一人要拿着应急灯，而过桥的速度依过桥最慢者而定。请问小明一家如何过桥？

22 图形组合

如图所示，1A到3C的9个格子里的图形都是由A、B、C和1、2、3里面的图形组合而成的。不过，有一个图形相叠出现了错误，你能看出是哪一个吗？

第三章·高手来过招

23 奇妙的箭头

下面方格中缺失了2个箭头,请你补上。

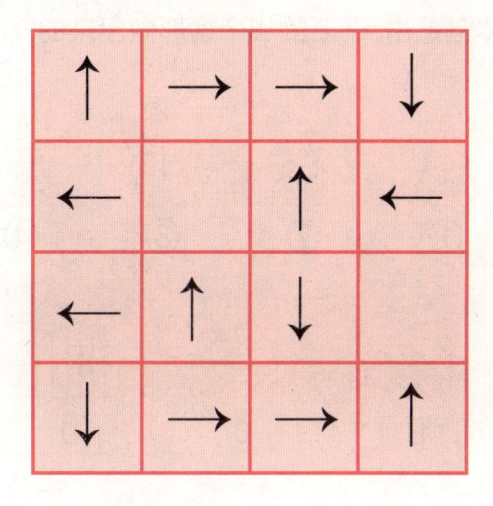

24 小小建筑师

下图中有一栋一层的房子,你可以不使用任何绘画工具,将它变成一栋两层的楼房吗?试一试吧!

059

25 图形推理

把4张画有条纹图案的扇形纸卷起来，做成圆锥体。连连看，图①~图④的圆锥体各是由A~E的哪个扇形做出来的？

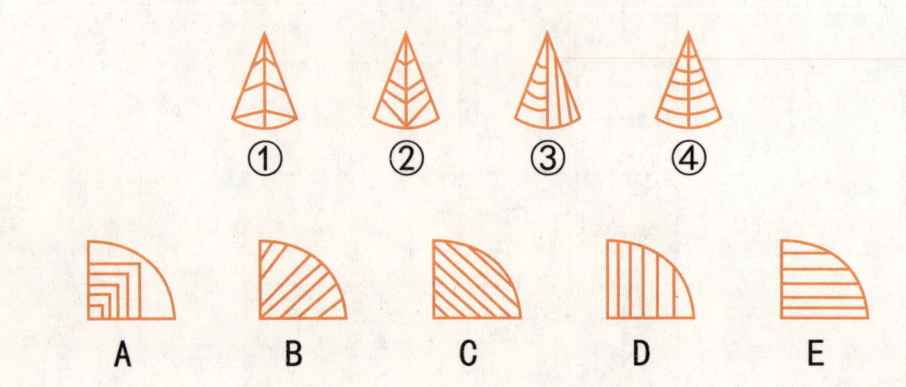

26 本来面目

如图所示，6个有着不同图案的正方形可以折叠成一个正方体。请问折叠好的正方体是哪一个？

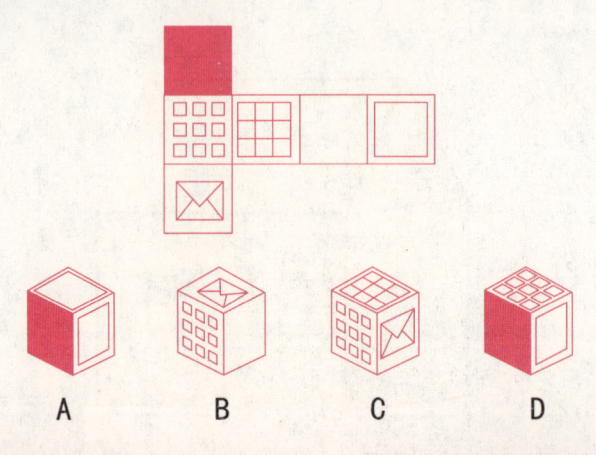

27 巧连正方形

将下图中任意4个点连起来，总共能连出多少个正方形呢？（注意：正方形的角必须位于点上。）

28 谁不一样

在下图中找出与众不同的那个图形。

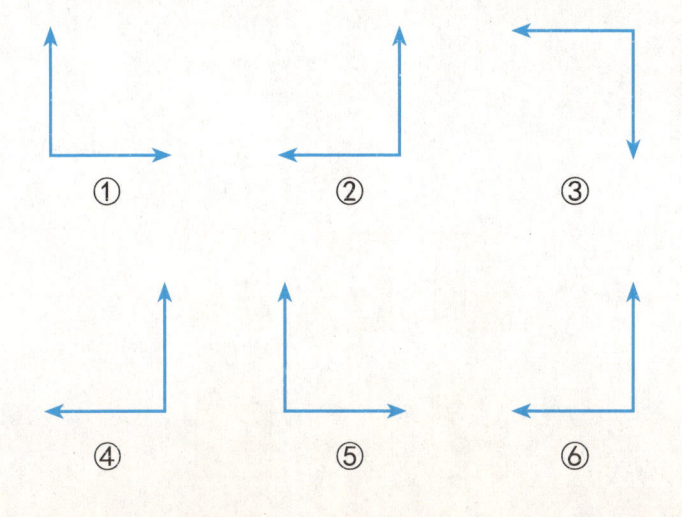

① ② ③
④ ⑤ ⑥

29 黑白纽扣

下图是一个由2个白色纽扣、2个黑色纽扣排成的组合。现在把这些纽扣交换位置，但是只能移动8次，使白色的纽扣移到右边，黑色的移到左边。纽扣可以移到附近的空位置去，也可以从另一个纽扣上跳过去，但是跳过去的位置上不能有别的纽扣。

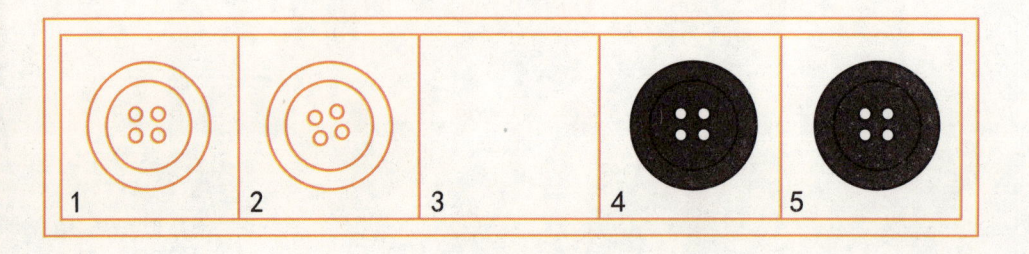

30 密不可分的地板

如下图所示，A~F中的哪两块地板最适合贴到上方地板的两侧呢？

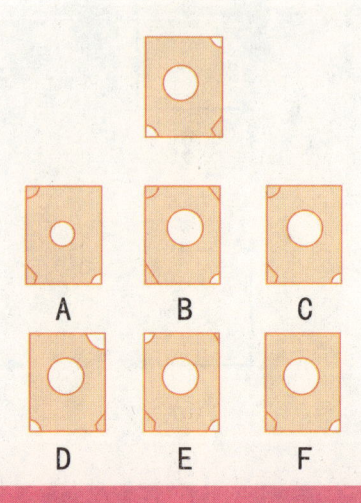

31 缺失的木棍

图中所示是用木棍摆成的一个等式。请问，如何从这个等式中拿走3根木棍，但等式依然成立？

$$123-4-5-6-7+8-9=100$$

32 被缠住的钉子

有一根绳子和五颗位置固定的钉子，这根绳子穿在几颗钉子中间。现在将绳子的两端按照箭头所示的方向往下拉，绳子不会打结，并且只会缠住一颗钉子。请问哪颗钉子会被缠住？

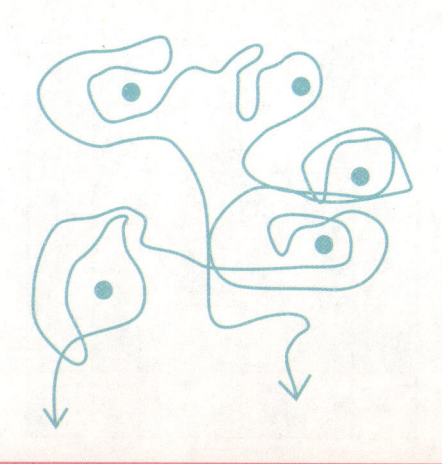

33 发现规律

请你观察以下图形，寻找其中的规律，并推测出问号处的图形。

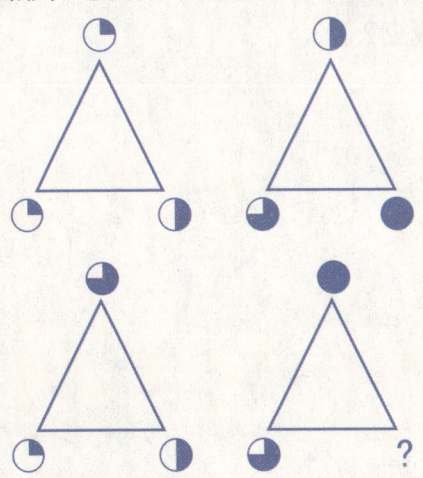

34 黄金切割

请沿着这个矩阵上的线条将它分成形状、面积都相同的4部分。要求每个部分都必须包含一个三角形和一个四角星，三角形和四角星的位置可以不相同。

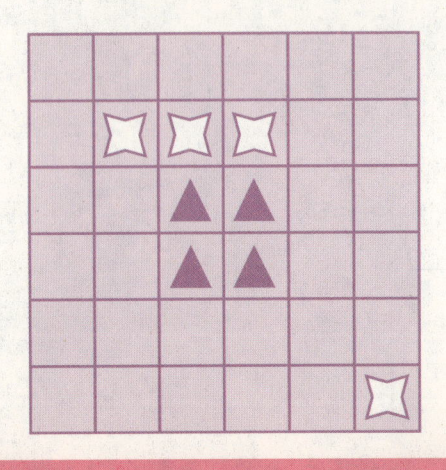

35 考眼力

你能看出下图中一共有多少个正方形吗?

36 搬箱子

"搬箱子"是一款很好玩的小游戏,简单易上手,很受大家欢迎。现在,请你作为一个仓管员,把所有的"板条箱"都从仓库转移出去。

规则如下:

1. 可以横向或者纵向推动1个板条箱。
2. 不可以同时推动2个板条箱。
3. 不可以往回拉动板条箱。
4. X处为起始点。

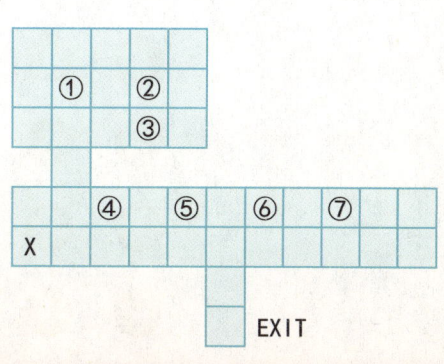

37 "T"的转变

请把下面4幅图片拼成一个完整的大"T"。

38 "十"字的奥秘

用直线连接下面这些小球中的12个小球,形成一个完美的"十"字。要求有5个小球在"十"字里面,8个小球在"十"字外面。

39 绿色的窗户

下图是一户人家的窗户,它的长和宽都是2米。油漆工想把窗户的一半涂成绿色,同时要留出一个无漆的正方形,他该如何做?

40 爱打哑谜的妻子

教授到外地出差,收到妻子的来信。妻子喜欢打哑谜,所以就用类似于象形文字的图案画出了这封信。A中的圆代表教授,同心圆代表怀孕的妻子。请你翻译一下下面几组图案各代表什么。

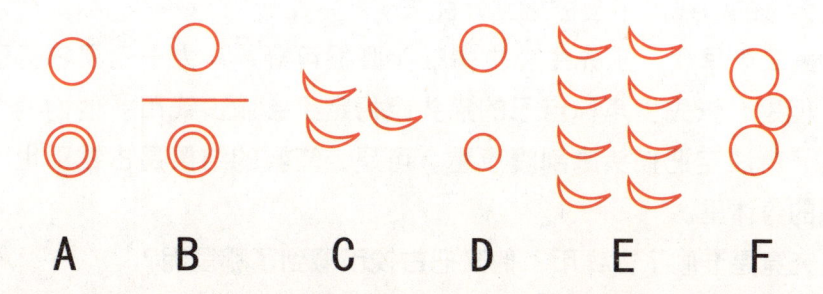

A B C D E F

41 "口"字的奥秘

小刘奉命与打入敌人内部的地下工作者接头。由于两人从未见过面，所以接头时需要提供一样的标志。上级指定暗语是既简单明了又隐蔽神秘的"口"字。这个字既代表了见面的时间，又规定了小刘见面时手中所带的物品。小刘严格按照上级的指示，成功与地下工作者会面，得到了第一手重要消息。

请问：小刘与地下工作者约定在星期几接头？见面时所带的物品是什么？

42 消失的古钱币

张先生是一个收藏爱好者。一天，他邀请钱币收藏家王先生到家做客，顺便欣赏对方带来的几枚古钱币。当晚，两个人在书房聊得很愉快。但是不久后，王先生就发现自己带来的古钱币丢了3枚。这3枚古钱币规格一样，都是直径3厘米，厚2毫米。

书房里只有他们两个人，王先生觉得肯定是张先生偷的。但是，张先生当场脱了衣服来自证清白。王先生检查后也确实没有找到古钱币。

王先生仔细回想，当时自己正在用放大镜一个一个地欣赏着张先生的收藏品，一点儿也没有察觉异样。其间，张先生一步也未离开过自己的书房，更没开过窗户，只是曾在鸟笼前给自己养的猫头鹰喂过食。所以，丢失的古钱币不会被藏到外面去。

第二天早晨，王先生总觉得猫头鹰很可疑，认为一定是它吞了古钱币。但是，张先生声称自己的猫头鹰肯定不会偷古钱币。他们两个争执不休，就决定把猫头鹰剖腹查看。可是，查看的结果是古钱币也不在猫头鹰的身体里。

究竟是谁偷了古钱币？他又把古钱币藏到了哪里呢？

43 "逃跑"的硬币

在铺好桌布的桌子上放1枚1角硬币,然后在这枚硬币的两边各放1枚1元硬币,再用1个倒置的玻璃杯盖住1角硬币,玻璃杯的杯口正好在2枚1元硬币的中间位置上。你必须将那枚1角硬币从玻璃杯底下移出来,但是不能移动玻璃杯或者那2枚1元硬币。而且,你也不能借助其他工具将1角硬币从玻璃杯下面推出来。你该怎么做呢?

44 拿破仑的智慧

拿破仑正站在一个十字路口。这个十字路口的路标被马车撞坏,倒在了路边。拿破仑军中没有人认识这条路,因此不能分清方向把路标放好,并使它指向正确的方向。拿破仑沉思片刻之后,发布了命令,并把路标放回了原来正确的位置。拿破仑以前不曾到过这个十字路口,请问他是如何做到的呢?

45 古堡奇案

在遥远的沙漠中，有一座神秘的古堡。人们一提到它就会不寒而栗。因为近些年来，凡是在这座古堡中住过的人都送了命。

古堡里的杀人凶手是谁？大批侦探和警察前来调查，可不幸的是，他们大都同样死在了古堡大厅里。法医验尸后也没有找到致死的原因，更无法判断凶手使用的凶器。

警方实在没有办法，只好在古堡的大门口处张贴告示，规定过往的行人一律不准在夜间留宿。后来，法国著名的探险家罗林来到了古堡，想探明究竟。探险队员带着枪支进入古堡。天亮的时候，人们发现罗林和他的探险队员已经全部遇难。

警方发出紧急文件：凡是能破古堡奇案者，必有重赏。文件发出去了很久，却一直无人问津。

一年后的一天，一个白发苍苍、衣衫褴褛的乞丐来了，他自称能破这个案子。警察局局长半信半疑，但因没有其他人来接这个案子，就对刑侦队长说："派人盯着这个人，看他能搞出什么名堂。"刑侦队长发现那个老乞丐买了一个大铁箱、一只猴子和一张渔网。经验丰富的刑侦队长也看不明白老乞丐究竟要搞什么名堂。

天渐渐黑了，刑侦队长驾着马车奔进了那座令人望而生畏的神秘古堡。古堡内一片寂静。老乞丐摸黑进了大厅，他先给猴子注射了麻醉药，并将它放进了渔网里。然后他自己钻进铁箱，牢牢地抓住了渔网的网绳。

老乞丐这样做到底是为什么呢？古堡里的杀人凶手到底是谁呢？

46　复杂的关系

在一次家庭聚会上，爷爷给大家出了一道题。他说，在一次家庭聚餐中，有10个家庭成员。其中，有1个祖父和1个外祖父，1个祖母和1个外祖母、3个父亲和3个母亲、3个儿子和3个女儿、1个婆婆和1个岳母、1个公公和1个岳父、1个女婿、1个儿媳、2个兄弟、2个姐妹。

你能判断出参加聚会的家庭成员和他们的家庭关系吗？

47　靶槽的铁圈数

晓军很喜欢玩打铁圈的游戏。这一次，晓军将25个铁圈打进靶槽里，且每个靶槽均有得分，一共得到500分。如果一共有4个靶槽，每个槽内的分值分别为10、20、50、100。那么，你能算出晓军在每个靶槽内打进的铁圈数吗？

48 时钟的规律

下面是一组可以任意调节指针的时钟，请你分析钟面的规律，然后从4个选项中选出正确的一项补充在第四个钟面上。

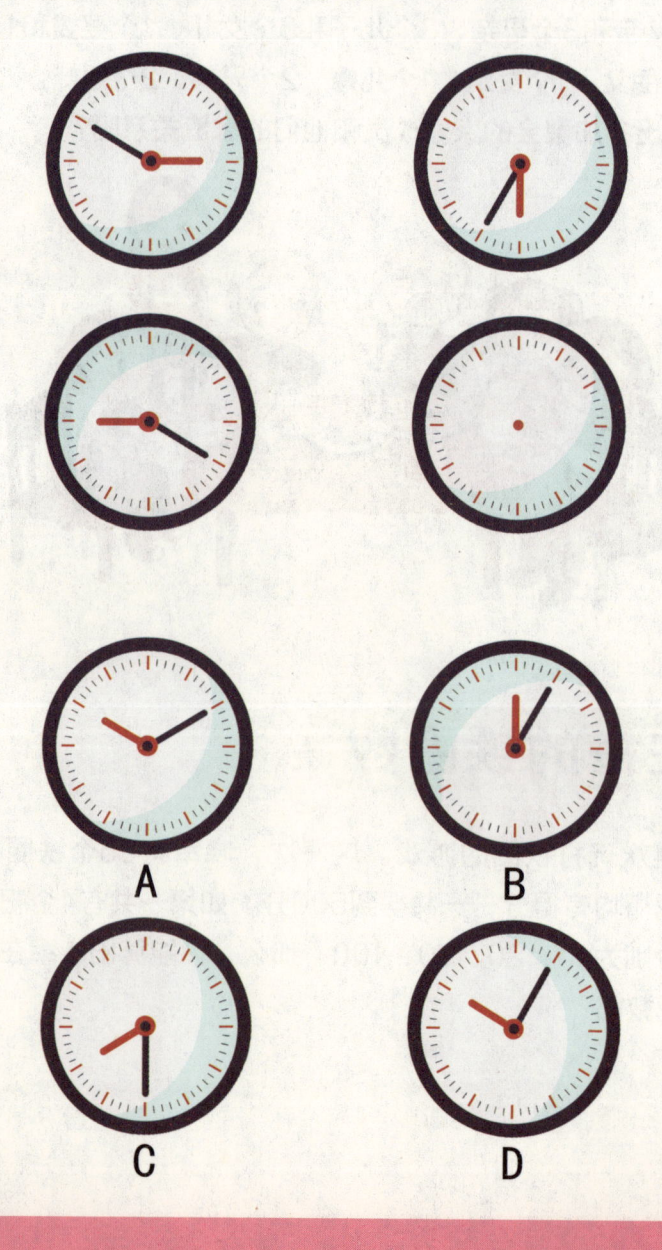

A

B

C

D

第四章

达人大比拼

1 一共打了多少条鱼

小明、小刚和小强常在一起打鱼。一次，他们忙碌了大半天，打了一堆鱼，实在太累了，就坐在河边的柳树下休息，一会儿都睡着了。小明醒后，想起家里有事，看小刚和小强睡得正香，就没有叫醒他们。他把鱼分成三份，自己拿一份走了。不一会儿小刚也醒了，要回家。他也把鱼分成三份，自己拿一份走了。太阳快落山了，小强才醒来。他想，小明和小刚上哪儿去了?这么晚了，我得回家劈柴去。于是，他又把鱼分成三份，自己拿走一份。最后还剩下8条鱼。

你能算出他们原来共打了多少条鱼吗？

2 比一比

请各用4个1组成4个数，填入下面的括号中。

(   ) > (   ) > (   ) > (   )

请各用3个9组成3个数，填入下面的括号中。

(   ) > (   ) > (   )

3 等式成立

请为5个5加上合适的运算符号或括号,得出最后等于1的等式。

$$5 \quad 5 \quad 5 \quad 5 \quad 5 = 1$$

4 7个六边形

下图是由7个小六边形组成的图形。请把1~24这24个数字填在下面适合的空圆中,使每个小六边形上的6个数字之和都为75。

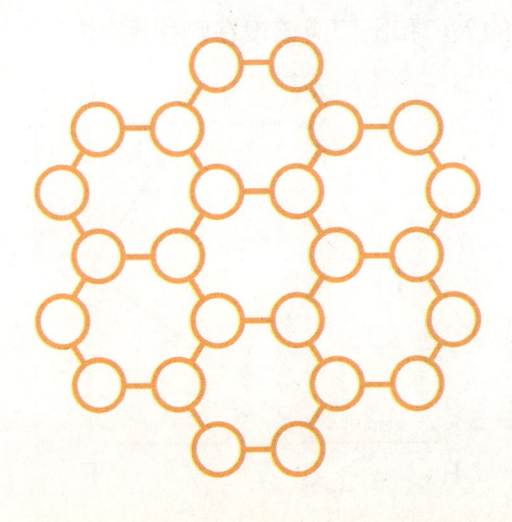

5　求单价

学校第一次购进3个篮球和20个足球，共用去了1350元。第二次又购进相同的篮球9个，足球15个，仍用去1350元。你知道篮球和足球的单价各是多少吗？

6　公园出入口

下图是一个公园的道路平面图。假如要使游客走遍每条路而又不重复，那么该公园的入口和出口应该设在哪里呢？

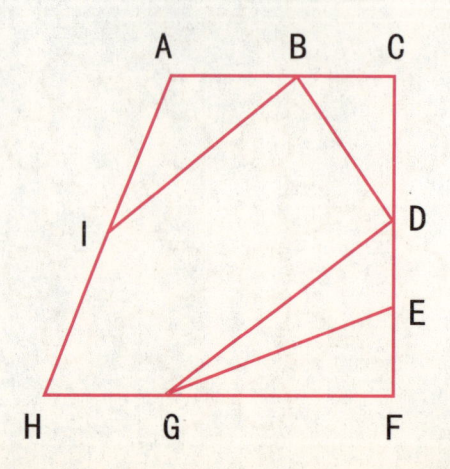

7 巧求三角形面积

图中正方形的边长为6个单位。已知三角形覆盖了正方形二分之一的面积，正方形覆盖了三角形四分之三的面积。请问三角形的面积是多少呢？

8 求"和"之路

如图所示，如果沿着相邻的数字从图形的左上角到右上角，可以走出多种路线（不能重复走）。把每条路线上的数字相加得到多个和，那么这些和中最大的一个是下面选项中的哪一个呢？

入口 → 4 2 4 2 4 → 出口
　　　2 4 4 4 2
　　　4 4 2 2 4
　　　2 2 4 2 2
　　　2 4 2 2 2

36　16　18　45　29　74
A　　B　　C　　D　　E　　F

9 问号处的数字

你能找出数字与图形之间的组合规律吗？试着指出问号部分应该填入的数字吧！

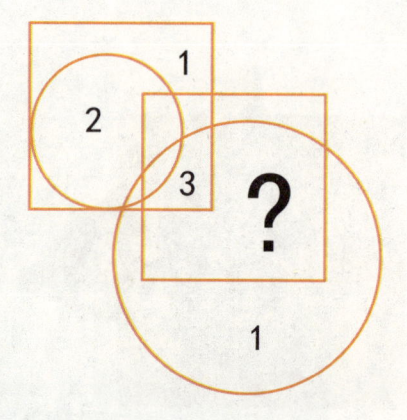

10 汤姆的花园小径

汤姆有一个边长为10米的正方形花园。花园小径有2米宽，道路一边插有篱笆。小道呈"回"形，直至花园中心。有一天，汤姆步行丈量小径到花园中心的长度，并忽略篱笆的宽度。假设汤姆一直走在小径的中间，请问他走了多远？

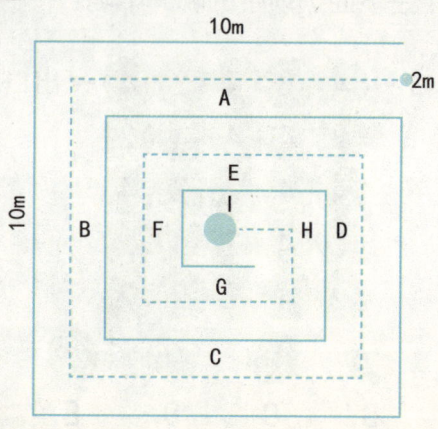

11 陷阱

1. 一辆大巴在正午时分从北京开往天津。一个小时以后,一个人骑摩托车从天津前往北京,摩托车的速度比大巴慢。当大巴与摩托车相遇时,谁离北京的距离远一点?

2. 6点钟的时候,时钟敲了6次,我看了看自己的表,发现钟敲响的第一声和最后一声一共隔了30秒。那么,在凌晨时钟敲响12声的时段里,第一次钟响和最后一次钟响相隔的时间是多少秒?

开动脑筋想答案,看看你是否掉进题目的陷阱中了。

12 转轮求和

图中是一个转轮,每条直径的两个端点上都各有一个数。两条相邻直径上的数字相加的和可以等于与其相对的两个数字相加的和,例如:10 + 1 = 5 + 6。

不过也有不相等的情况,例如:1 + 2 ≠ 6 + 7。

请重新排列数字,使这样的相邻数字之和都相等。

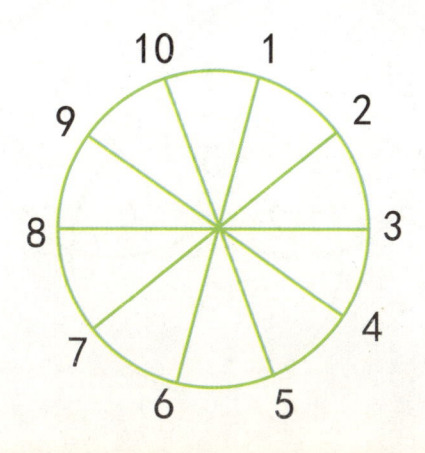

13 倒出鱼缸中的水

一个鱼缸已经注满了水。如果不用测量棒或者测量杯，你能否把水从鱼缸中倒出，并使水平面正好处于鱼缸的正中间呢？

14 最多的区域

如下图所示，3个圆相交最多能分割成7个区域。如果是6个圆相交，最多可以分割成多少个区域呢？

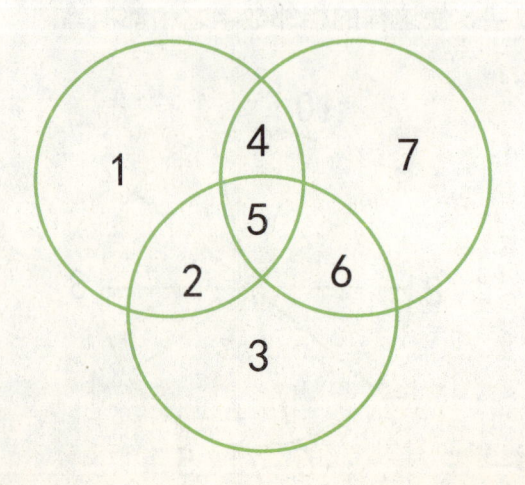

15 丁丁的戏法

丁丁说他会变戏法。他把一根细绳子在一本厚重的书（重约1500克）上系上一圈，然后将绳子的一端固定在门把手上，并使书悬挂在距离地面30厘米的地方。他抓住书下面的绳子，然后声称他可以随意地把书上面或者下面的绳子拽断。你知道他是如何做到的吗？

16 黑白格子的个数

如图所示，下图是一张用黑色和白色的格子组成的图片。现在请你数数一共有多少个正方形格子。

17 分鱼问题

甲、乙两人在河边钓鱼，甲钓了3条，乙钓了2条，正准备烤鱼吃，这时来了1个路人，请求跟他们一起吃鱼，于是3人将5条鱼平分了。为了表示感谢，过路人留下了10元。甲、乙怎么分这10元？

18 万能的羊圈

一个人有3只绵羊和3只山羊，他想让儿子来搭建羊圈。他给了儿子12块大小一样的隔板，让他搭建6个正方形，1只羊1个。

这个人考虑到绵羊比较大，山羊比较小。因此，他要求儿子建3个大羊圈、3个小羊圈，并且大羊圈的面积必须是小羊圈的2倍。儿子做到了这一点。

突然，这个人又要求儿子把大、小羊圈的面积比改成3:1。儿子按照父亲的要求做出了调整。但是没多久，这个人又改变了主意，要求把羊圈由正方形改成长方形。

儿子按照他的要求，用这12块隔板搭建成了6个羊圈，同时，根据需要，能任意改变羊圈的面积比，或者由正方形改成长方形，或者由长方形改成正方形。

你知道这个人的儿子是怎么搭建羊圈的吗？

19 蚂蚁调兵

一只小蚂蚁发现了一只死虫子，立刻回去通知自己的10个伙伴，可它们还是搬不动那只虫子。这些蚂蚁全部回去，又各自找来10个伙伴，还是没有搬动。蚂蚁们又全部回去，各自找来10个伙伴，可还是没有搬动。蚂蚁们依然没有放弃，又回去搬兵，各自找来10只蚂蚁。在大家的共同努力下，它们终于把虫子搬回了家。

请问，一共出动了多少只蚂蚁？

20 巧连线

下面的18个数字代表着18个好朋友的家，你能按顺序将它们连起来吗？连接线之间不能交叉。

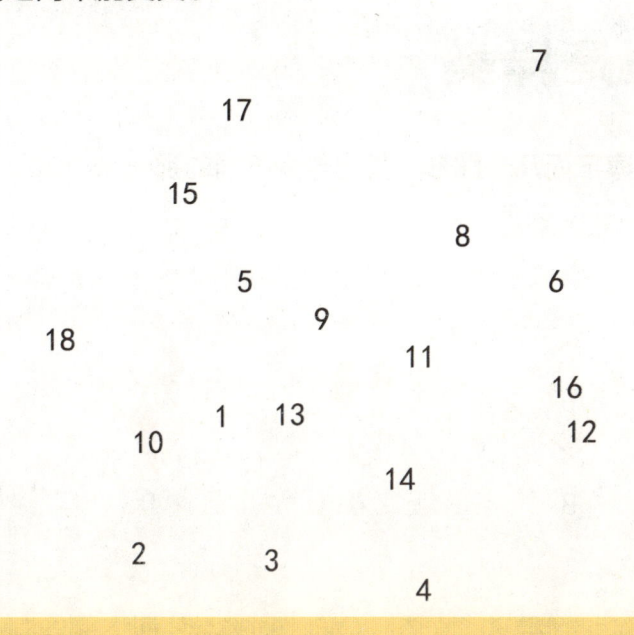

```
                        7
          17
     15
                   8
        5              6
     18    9
              11
                    16
        1  13
    10           12
           14

     2    3
              4
```

21 巧变图

仔细观察下面几组图形，想一想问号处应填什么图形。

22 谁是异类

请仔细观察下面几个图形，找出与众不同的那一个。

A　　B　　C　　D　　E

23 与众不同

下图中的5幅图中有一幅与其他的都不一样，请问是哪一幅？

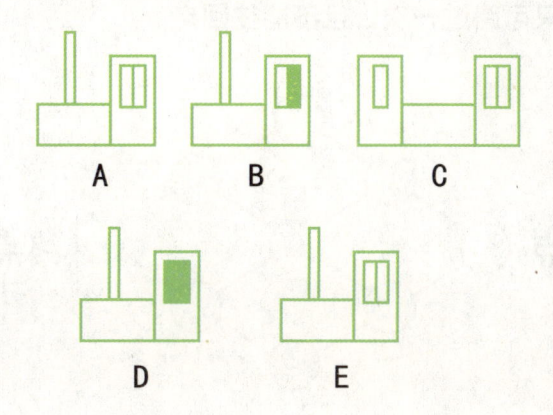

A　　B　　C

D　　E

24 小小五角星

淘气的五角星躲在了下面纷乱的图形中，请你把淘气的它找出来。

25 回家的路

仔细观察下图所示的网格形路线图,请问从起点跑到终点有多少条路?(每个点只可路过一次,且不能往回走。)

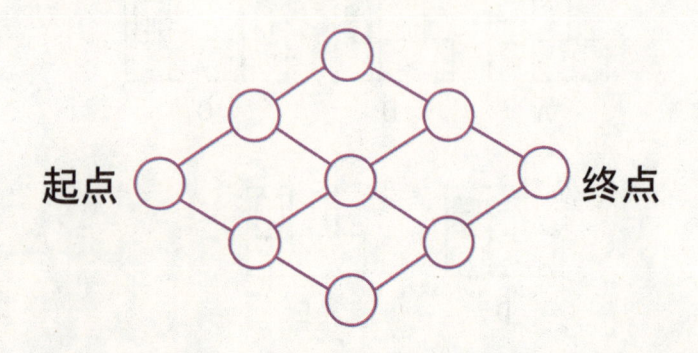

26 测测你的识图能力

如图所示,你能根据这个立体图形的正视图、左视图和俯视图,描绘出这个立体图形吗?

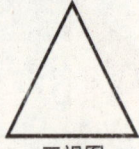

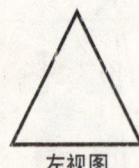

正视图　　左视图　　俯视图

第四章 • 达人大比拼

27　20站的旅行

　　如图所示，有一只小蚂蚁要从顶点爬到底部，同时还要爬过这个十二面体的每个顶点（共20个）。而且每个顶点只能经过一次，最终再次回到出发点。请问，这只小蚂蚁的旅程该如何进行？

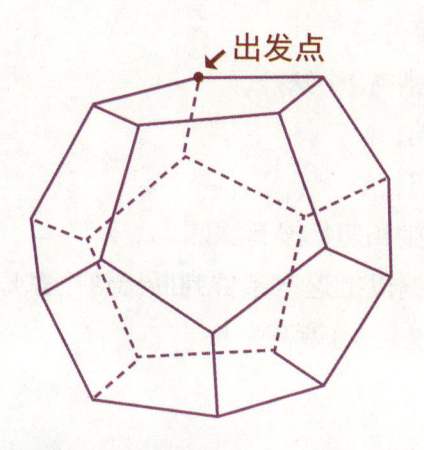

28　小小"金字塔"

　　仔细观察图中"金字塔"的内在规律，然后请在问号处填上适当的字母。

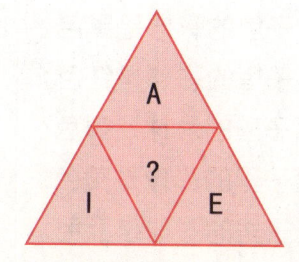

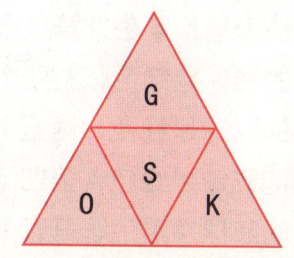

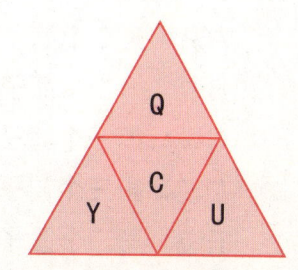

087

29 兄弟姐妹

有一个家庭有兄弟姐妹7人，分别是甲、乙、丙、丁、戊、己、庚。在这7个人中，已知以下条件：

① 甲有3个妹妹；
② 乙有1个哥哥；
③ 丙是女的，她有2个妹妹；
④ 丁有2个弟弟；
⑤ 戊有2个姐姐；
⑥ 己是女的，她和庚都没有妹妹。

请问，你能根据以上这些条件判断出这个家庭中有几个男孩，几个女孩，谁是男孩，谁是女孩吗？

30 猜彩球

5个筐子里分别装有红、绿、黄、黑、蓝5种颜色的彩球。老师让A、B、C、D、E5个人任意猜筐子里彩球的颜色，谁猜中了就把里面的彩球奖励给谁。

A说：第二个筐子里的彩球是蓝色，第三个筐子里的彩球是黑色。
B说：第二个筐子里的彩球是绿色，第四个筐子里的彩球是红色。
C说：第一个筐子里的彩球是红色，第五个筐子里的彩球是黄色。
D说：第三个筐子里的彩球是绿色，第四个筐子里的彩球是黄色。
E说：第二个筐子里的彩球是黑色，第五个筐子里的彩球是蓝色。

答案揭晓后，5个人都猜对了一个，而且每个人猜对的颜色都不同。

请问：每个筐子里分别装了什么颜色的彩球呢？

31 约会地点

5个好朋友约好了周末聚会。他们都不是同一时间到达约会地点的：

A不是第一个到达约会地点；

B紧跟在A后到达约会地点；

C既不是第一个，也不是最后一个到达约会地点；

D不是第二个到达约会地点；

E在D之后第二个到达约会地点。

你能根据以上条件，判断出他们到达约会地点的先后顺序吗？

32 楼梯上的凶案

因为电路维修，好几栋公寓都在晚上8点到11点停电。

当天晚上，盲人中心的小张9点多才回到公寓，她是走楼梯回家的。第二天，人们在楼梯上发现了她的尸体，她手里还抓着皮包的带子，皮包却不见了。这显然是一宗抢劫杀人案。

警察赶到现场调查。根据公寓管理员回忆，当时还有住在同一栋楼的一个男子与小张同时上楼。警方立即叫来这名男子询问。那个男子说："我当时确实和小张同时上楼。我看见她是个盲人，行动有些不太方便，就扶着她上楼梯，到了她住的那层我才走的。"管理员听那男子说完后，大声地说："他在说谎，小张是他杀的。"

请问，管理员是怎么知道那个男子在说谎呢？

33 工厂事故

某工厂发生了一起事故,现场的工人议论纷纷:

工人甲:"发生事故的原因是设备问题。"

工人乙:"发生事故的原因不是设备问题,是有人违反了操作规范。"

工人丙:"若发生事故的原因是设备问题,则有人违反了操作规范。"

工人丁:"若发生事故的原因是设备问题,并没有人违反操作规范。"

如果以上四个人中只有一个人的话为真,则以下哪个选项可能为真?

A. 工人甲的断定为真

B. 工人乙的断定为真

C. 工人丙的断定为真,有人违反了操作规范

D. 工人丙的断定为真,但没有人违反操作规范

34 装蛋糕

在一家蛋糕店里,发生了一件趣事。一次,一个顾客送来了一个刁钻的订货单,上面写着:订做9块蛋糕,装在4个盒子里,每个盒子里至少要装3块蛋糕。大家都不知道怎么装。

一个店员说道:"让我来试试。"

大家对他嗤之以鼻:"你能想出来吗?"

"这并不难。我来装。"他轻松地回答。

你知道他是怎么装好蛋糕的吗?

35 衣服的价钱

一位店主雇用了一名店员,如果店员为他工作整整一年,店主就给他24000元的工资和1件衣服。可是店员只干了7个月就走了,临走的时候,他要求店主给他一件衣服。于是,店主给了他10000元钱和1件衣服。请问,这件衣服的价钱是多少?

36 撕掉的页码

一本书一共有45页,如果把其中的一张纸撕掉,剩下页码的总和是1000。请问被撕掉的那张纸是哪两页?

37 分裂的细菌

1个细菌分裂成2个细菌的时间是1分钟，2个细菌再分裂成4个细菌的时间也是1分钟。把一个细菌放在瓶子里，经过了1小时，瓶子里完全充满了细菌。那么，如果把2个细菌放在瓶子里，到瓶子充满细菌为止，一共花了多少时间呢？

38 子弹的数量

3个猎人平分了所有的子弹，去森林里打猎。在他们各打了4枪之后，3人所剩的子弹的总数是3人在打枪之前每个人的子弹数量。请问在打猎之前，3人一共有多少发子弹？

39 方框中的点

下列图形的空白方框处应该加入A、B、C、D中的哪一个方框?

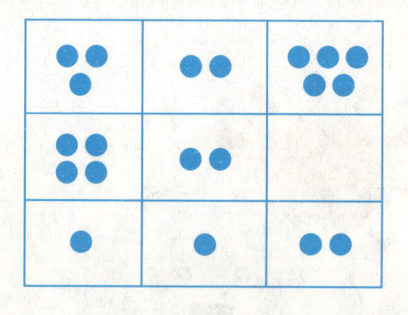

40 方框中的三角形

请你数一数,下面这个方格中有多少个三角形?

41 天气预测

天气预报发布消息，长沙凌晨2点有大雨。小明马上就知道了48小时后的天气情况。那么请你预测，48小时后，长沙会不会出太阳呢？

42 分苹果

小明家来了5位同学。小明想用苹果招待同学，但是家里只有5个苹果，怎样才能平均分给6个人吃呢？小明想把苹果切成块，但是同学们都希望1个苹果最多切成3块。小明很快就解决了这个问题。请问小明怎样让6个人都能吃到相同分量的苹果？

43 找出差别

下列汉字中，有1个字与其他4个字规律不一样。你能找到是哪个字吗？

鸟　帅　右　竹　旧

44 数梯形

下图中一共有多少个梯形？

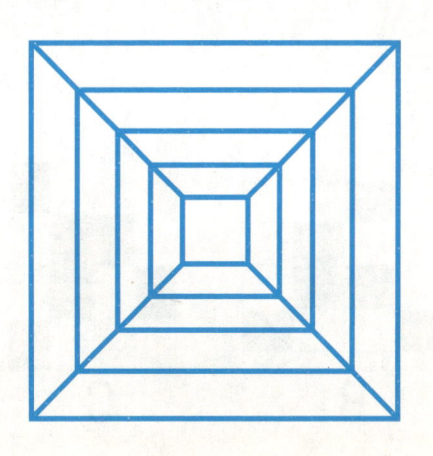

45 转动的轮子

如果3号轮逆时针转动，那么4号轮如何转动？

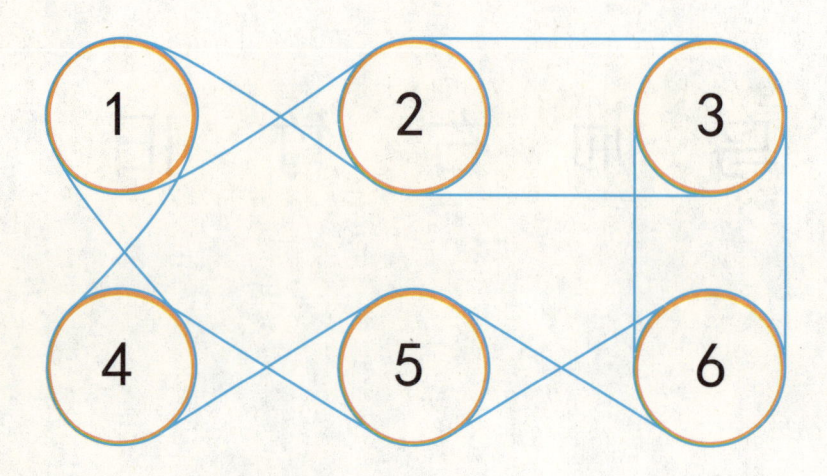

46 不一样的图形

A、B、C、D四个图形中，其中有一个图形和其他三个不一样。你能找到吗？

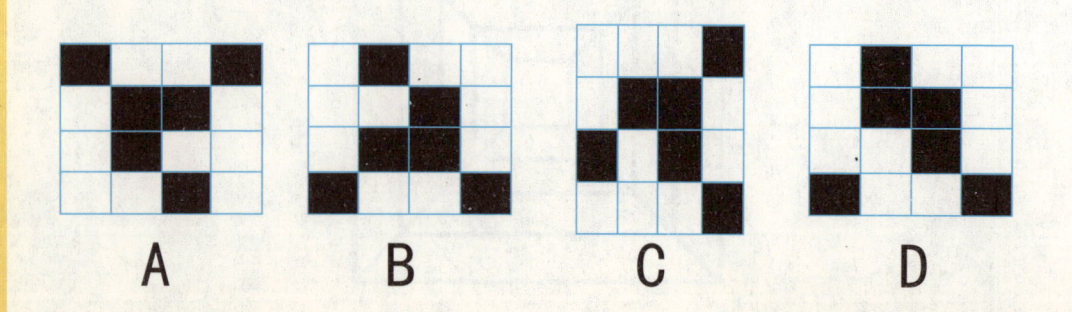

47 巧妙的排列

请你把10个正方形每行排列4个。你能用两种以上的方法排列出来吗?

48 有规律的图片

请你仔细观察下图,发现图片的规律,选出合适的第5幅图。

A   B   C   D   E

49 图形的延伸

请你仔细观察下图，发现图片的规律，选出合适的第4幅图。

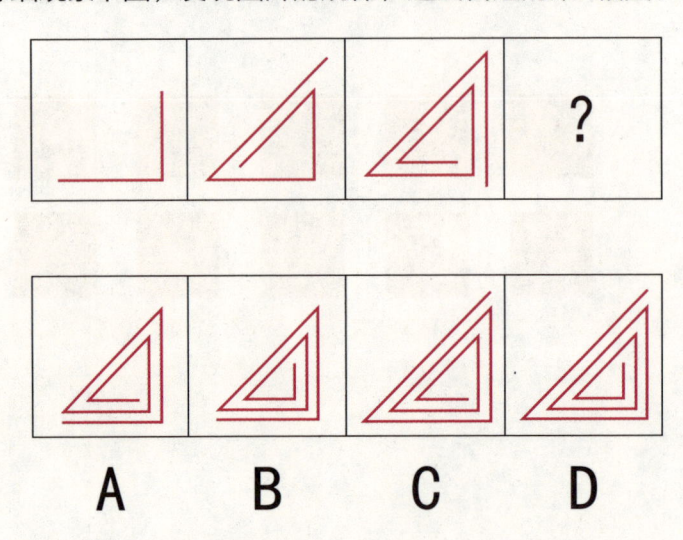

A　　B　　C　　D

50 巧移圆形

下图是10个圆形排列的三角形。请你只动3个圆形，把原来的三角形颠倒过来。

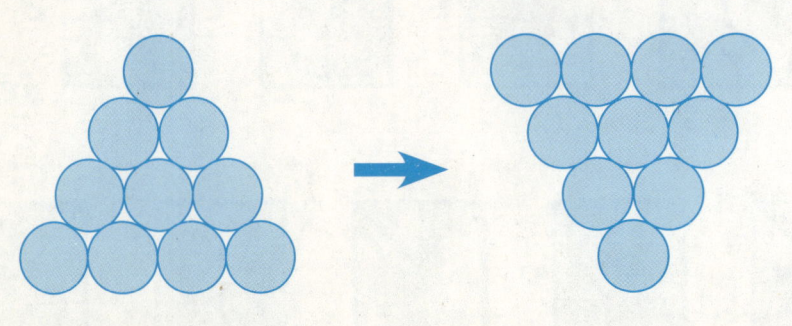

第四章·达人大比拼

51 平分方格

请把以下方格分成4部分，使每一部分都有4个完全不同的图形。

52 拼成正方形

请把下图的圆形和星形图案各只剪一刀，使四个图形拼成一个正方形。

53 一笔画的图形

下面的6幅图，有哪些是可以一笔画出来的？请你把它们圈出来。

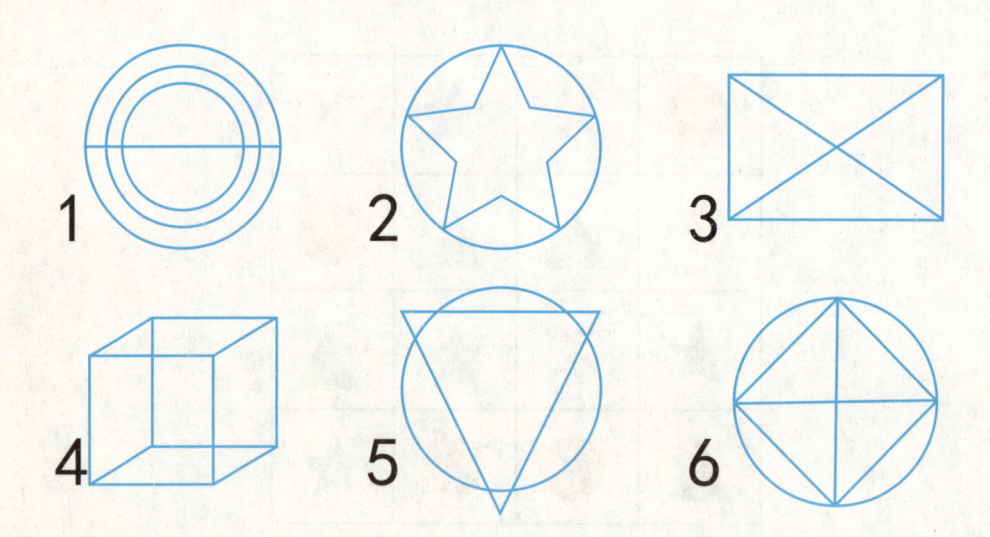

54 组成正方形

下图是一个不完整的正方形图片。在A、B、C、D4个选项中，哪一项与下图能拼成一个完整的正方形？

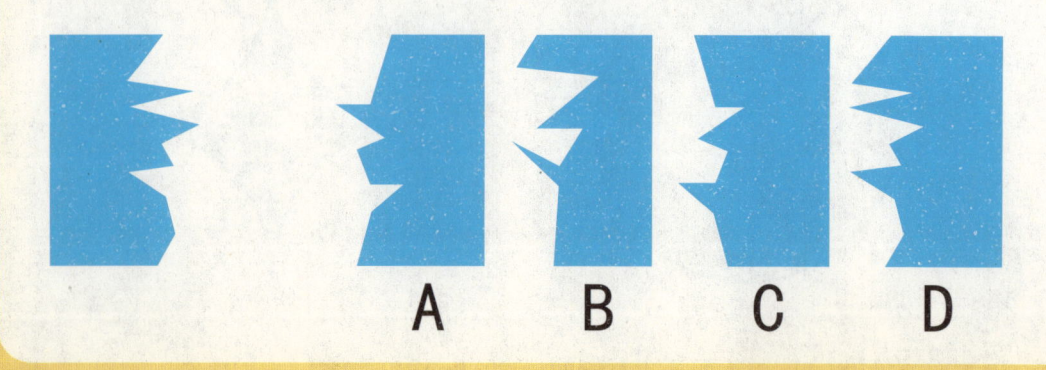

55 折叠的立方体

下图是一个立方体。请问哪一项是立方体拆开的纸壳?

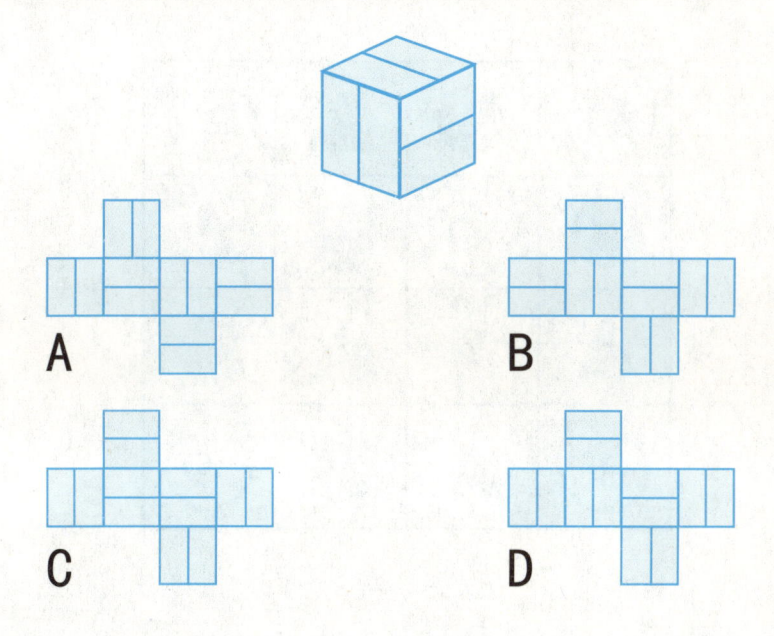

A

B

C

D

56 巧填数字

请根据规律，在方框中填写出数字。

A	B	C	D	E
4	9	7	3	2
6	20	10	4	10
4	19	9	5	10
9	30		1	

57 填入符合规律的图形

请你根据下图规律，想一想问号处应当填入什么图形。

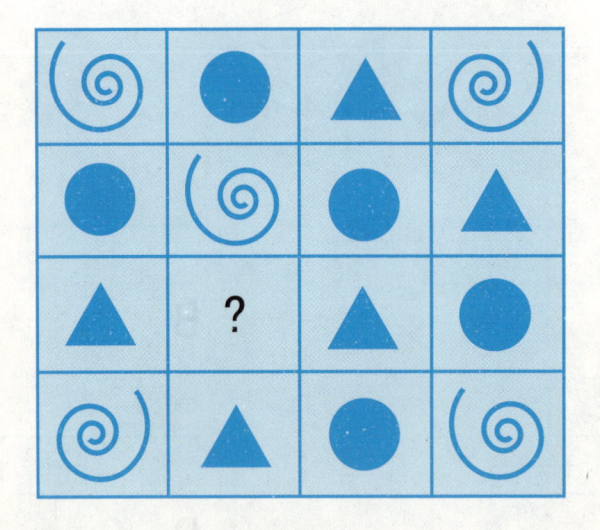

58 图形与小圆圈

请在下面4幅图中找出不同于其他3幅图规律的1幅图。

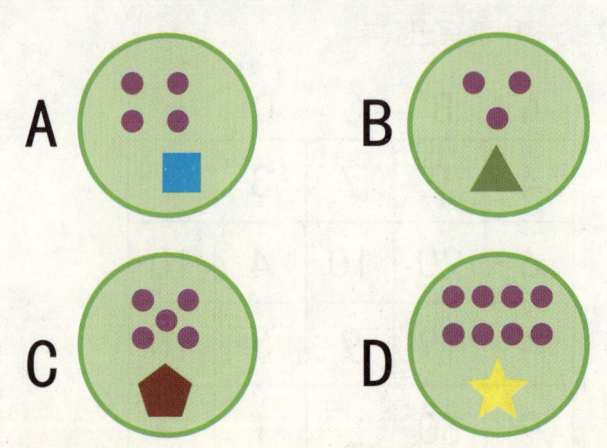

59　找出字母

观察下列字母，请根据前4个字母排列的规律找出问号处的第5个字母。

B D G K ?

60　移动棋子

请把下图的兵和卒互换位置，前提是不能直接把两个棋子拿起来，只能在格子中移动。请问要移动多少次才能成功？

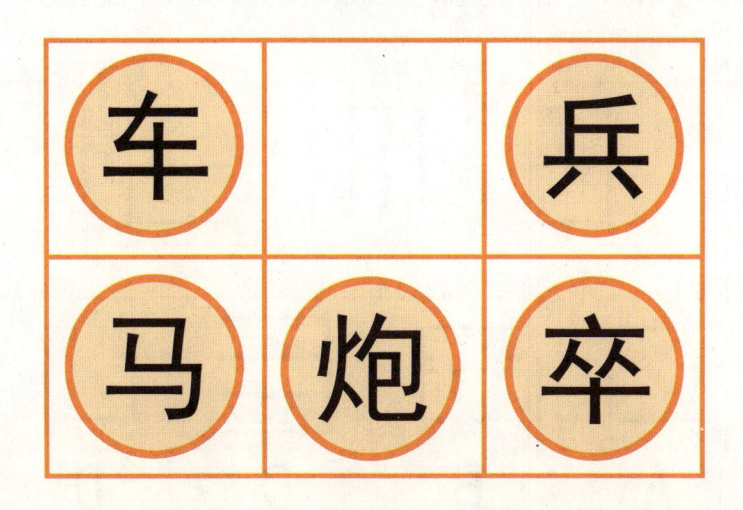

车		兵
马	炮	卒

61 填写字母

仔细看下图,根据规律,在下面3个方格里分别填写合适的字母。

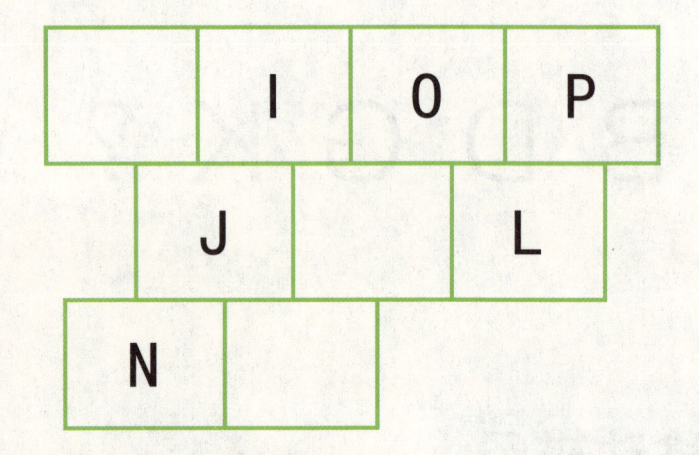

		I	O	P
	J		L	
N				

62 有规律的图形

根据下图前4个方格中的图形的规律,找出第5个方格的图形。

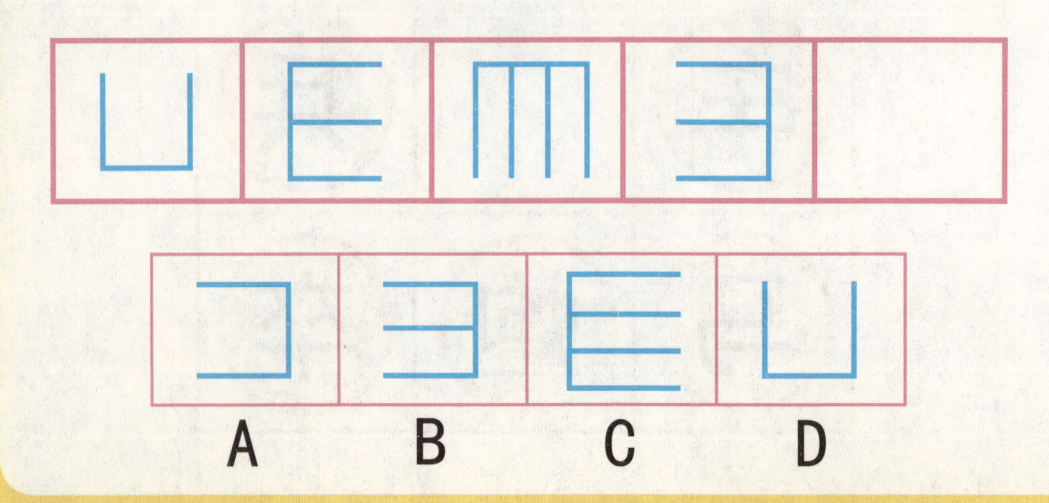

A　B　C　D

63 左右平衡

根据规律，请看一看第3幅图的天平的中间应该放入什么图形？

64 连接9个点

请用1笔画出4条直线，把9个点连起来。

65 金字塔顶端

请观察下面金字塔的规律，填写在金字塔顶端问号处的数字。

```
            ?
          1 9 8
        4 9 5 2 7
      1 5 6 8 9 4 3
    9 4 6 7 3 2 8 5 1
```

66 划分区域

请把下列数字分成形状、面积都相同的4个区域，使每个区域的数字之和相等。

9	7	3	1
2	4	5	4
1	2	1	3
5	6	3	8

67 数正方形

请数一数下图中一共有多少个正方形。

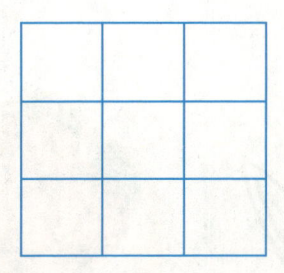

68 木板的长短

下面有两块木板,B木板比A木板长。为什么这么说呢?

107

69 平分蛋糕

有7个朋友给小明过生日,他们准备吃一个圆形蛋糕。小明只切3刀就能把这块蛋糕分成大小相等的8块。请问小明是怎么做到的?

70 针的搭配

如果将3根针如下图一样搭配,可以得到5个直角。那么如何搭配3根针,使其有12个直角呢?

108

第四章·达人大比拼

71 巧做十字图案

请将下面的木板分成2份，然后把这2份拼成1个十字图案。

72 比路程的长短

A、B二人要从甲地去乙地。A认为从中间穿过去的路程短，B认为沿着城边走路程短。你认为谁说得对？

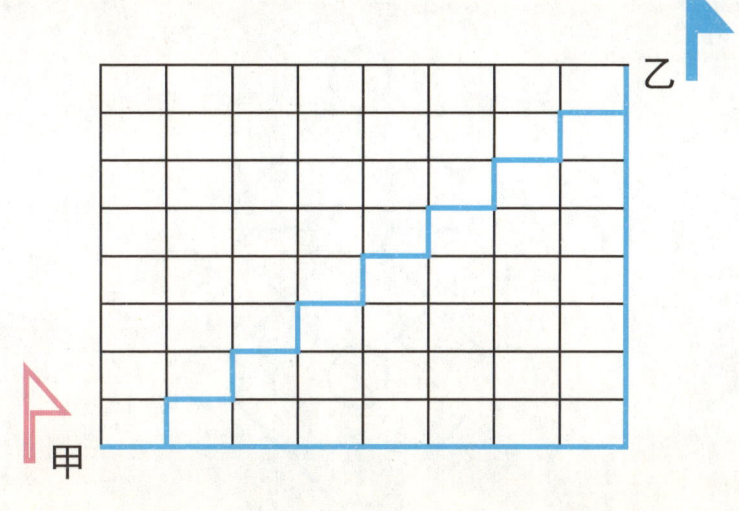

109

73 找规律

请根据下面4幅图的规律，找到接续的第5幅图。

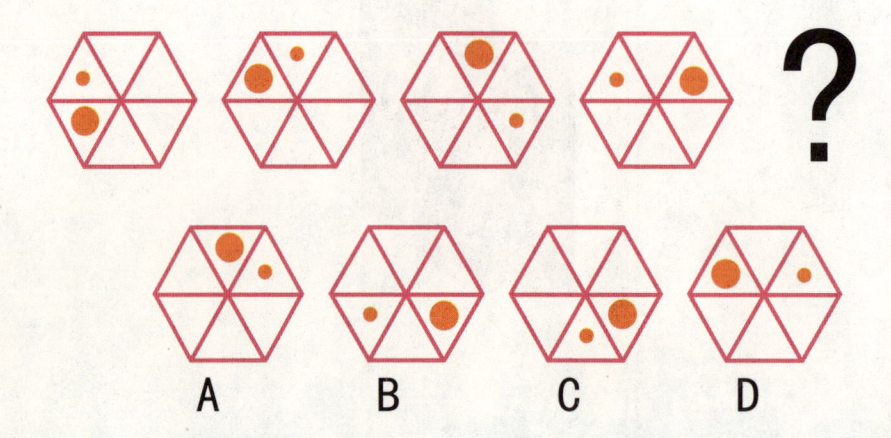

A　　B　　C　　D

74 巧填数字

请把1~8填在下面的八角格里，使相邻两个数字无法连接。

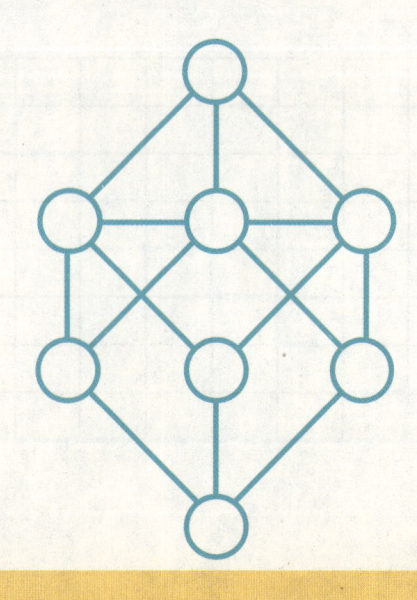

110

第四章·达人大比拼

75 点的轨迹

一个球在平面上从左至右移动。球的内壁上有一个点。请画出这个点在球移动过程中的轨迹。

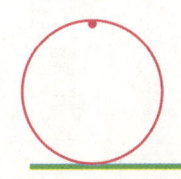

76 巧移水壶塞

小明在往玻璃瓶里倒了一半水的时候，不小心把水壶塞掉到玻璃瓶里去了。水壶塞停在瓶壁处。怎样才能在不碰触玻璃瓶和水壶塞的情况下，让水壶塞停在玻璃瓶中央呢？

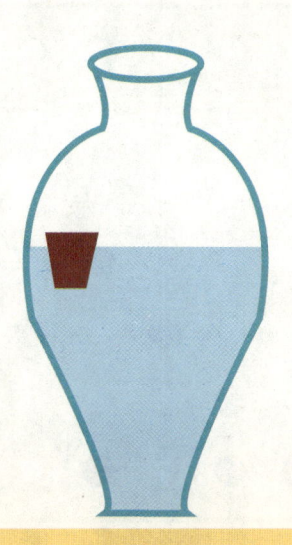

77 多点连线

下面有16个点，请用6条直线（1笔）把它们连起来。

78 移动棋子

下图中有10枚棋子。请只移动3枚棋子，使这10个棋子分别连成5条直线，并且每条直线有4个棋子。

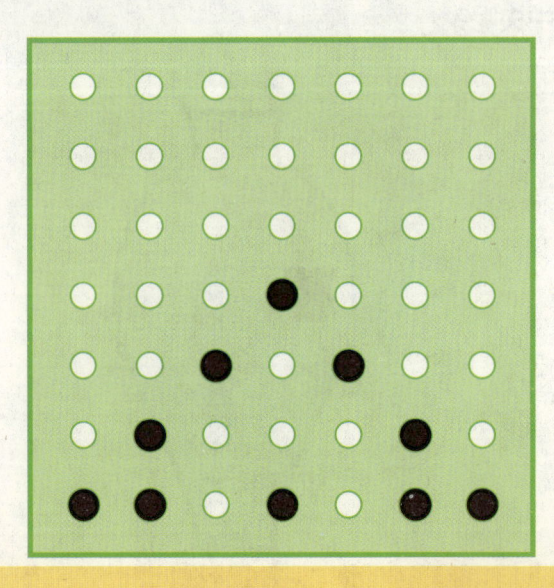

第四章·达人大比拼

79 数字砖头

请根据规律在下面的问号处填写正确的数字。

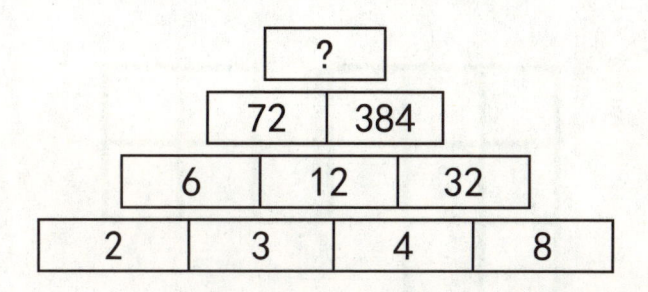

```
        [ ? ]
     [ 72 | 384 ]
   [ 6 | 12 | 32 ]
 [ 2 | 3 | 4 | 8 ]
```

80 数字方框

请在下面数字方框中的问号处填写出正确的数字。

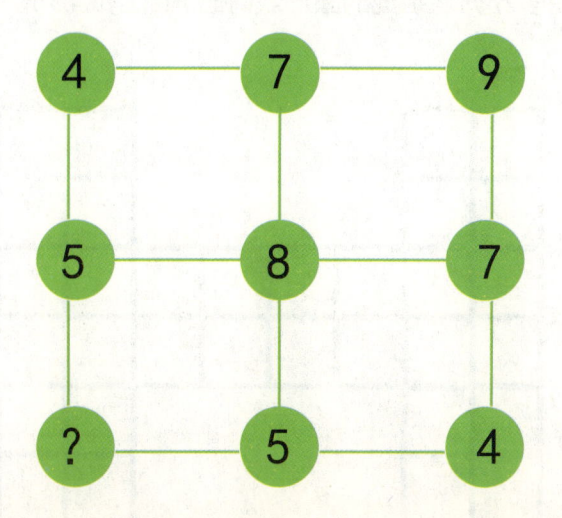

```
4 — 7 — 9
|   |   |
5 — 8 — 7
|   |   |
? — 5 — 4
```

81 巧拼长方形

请把下面的板块分成两块，使两个板块拼起来成为3×5的长方形。

82 巧分图片

下图是由许多小方块组成的图形。请把下图分成4个形状、面积、大小相等的图形。

83 巧拼正方形

下图是由35根针组成的回字图形。请移动3根针，使这个图形变成3个正方形。

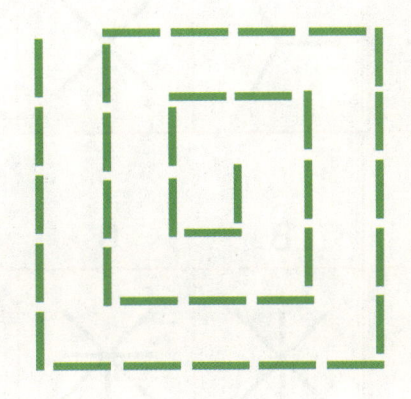

84 补砖

下图中的砖块尺寸相同。请问还需要多少块砖，才能构成一个正方体？

85 线条图形

请你根据所给图形的规律，确定问号处应选的图形。

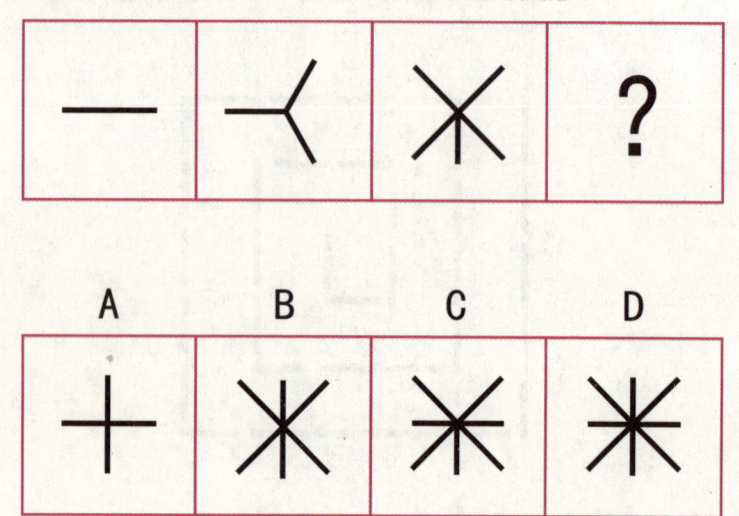

A　B　C　D

86 牢固的门框

下面4扇木质的门框，哪一个结构最牢固？为什么？

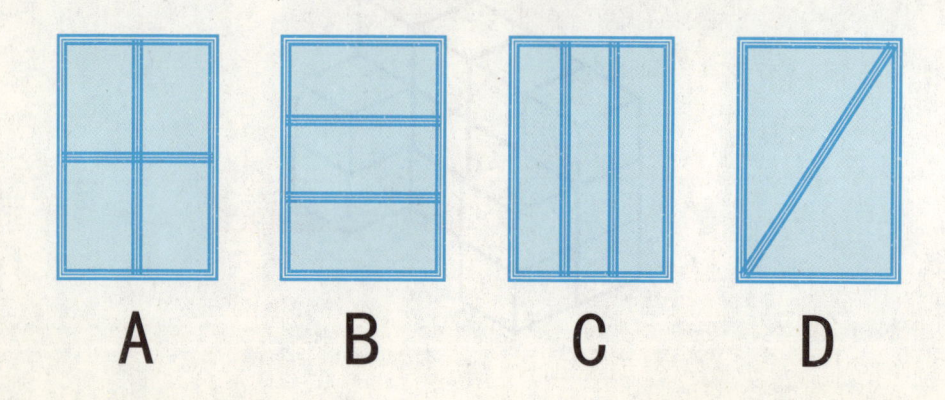

A　B　C　D

87 趣味图形

请根据以下图形的规律，画出第4个图形。

88 裁缝

下图是一块布。请把这块布裁成形状、大小相同的5块。

89 一笔画

请在不重复的情况下，1笔画出下图。

90 袋中的棋子

把110枚棋子放在15个袋子里，使每个袋子里的棋子数量不一样。请问可以做到吗？

91 隐藏的凶器

那是晚上七点半吃饭的时候，张先生听到邻居夫妇正吵得厉害。突然，张先生听到一声惨叫，他赶忙走出去查看，争吵声立刻停止了。

张先生立刻报了警，警察很快来到那对夫妇家中。展现在他们眼前的情况是，丈夫头部流着血，倒在地上，头附近有一滩水。在警察面前，妻子脸色苍白，心神不宁，精神濒临崩溃。炉上烤着羊腿，香气扑鼻。这本是夫妻俩的美好晚餐，但是却发生了命案。很明显，夫妻俩发生争吵，妻子失手打死了丈夫。

但是警察在案发现场却没有发现凶器。凶器被隐藏起来了吗？这位妻子是怎么杀死丈夫的？

92 水能不能喝

在一个晴朗的白天,一位旅行者在森林里迷了路,发现了一个村庄。在这个村庄里,有一部分人说实话,有一部分人说假话。

旅行者口渴想喝水,走着走着,看到眼前有一桶水,便与旁边的一位村民交谈。

"今天天气真好啊!"

"是的,今天天气不错。"

"这桶水可以喝吗?"

"可以喝。"

请问这桶水到底能不能喝?

93 仓库被盗

仓库被盗了。甲、乙、丙、丁四人是仓库的仓管员。经过调查，可以证实是其中的两个人作的案。以下是四名仓管员的信息：

（1）甲、乙两人中，有且只有一名去过仓库；

（2）乙和丁不会同时去仓库；

（3）如果丙去仓库，丁一定和他一起去；

（4）如果丁没有去仓库，甲也不会去仓库。

你能分析出哪两个人是盗窃案的主谋吗？

94 金牌盗窃案

一天，警察局接到了报案，当地的体育运动员说他家里被盗了。警察在第一时间赶到现场。进屋后，警察发现柜子上的玻璃门被砸得粉碎，撒得满地都是，屋子里被翻得零乱。

"你什么东西不见了？"

"国际比赛的一枚金牌不见了，其他的东西都还在。"

警察觉得非常反常，柜子没有上锁，小偷可以直接打开柜子偷东西，为什么他要把柜子上的玻璃门砸碎呢？

这时，巡警带来了两个嫌疑犯给警察审问。这个警察发现其中一个人虽然眼睛是深度近视，但是没有戴眼镜。突然，他知道了为什么柜子的玻璃门会被打碎。警察断定，这个深度近视眼的人就是小偷。

请你想一想，为什么警察会这样判断呢？

参考答案

第一章　新手来看看

1. 数字填空

24。每一横行中，左边的数字×中间的数字÷4＝右边的数字。

2. 数字卡片

129。把6变成9。

3. 奇妙的数

任何非零自然数。因为：

[（a×5+6）×4+9]×5－165=100a

100a即a00遮住后面的"00"就是最初的数。

4. 按规律找得数

观察可知，A组的11^2＝121，111^2＝12321……以此类推，可以得出：

111111^2＝12345654321

1111111^2＝1234567654321

11111111^2＝123456787654321

111111111^2＝12345678987654321

同样，B组的结果为：

6666666^2＝44444435555556

66666666^2＝4444444355555556

5. 巧填数字

11。这道题目其实很简单。首先分别求出每个图形中上面两个数字的平均值，然后进行运算。在第一个图中，上面两个数字的平均值加1，就等于下面的数字；第二个图中，上面两个数字的平均值加2，就等于下面的数字。用这样的方法，很容易就可以得出问号处的数字了。

6. 抢30

A的策略其实很简单，他每次总是报到3的倍数为止。如果B先报，B报1，A就报2、3；如果B先报1、2，A就报3。接下来，B从4开始报，而A根据B的情况，报到6为止。以此类推，A总能使自己报到3的倍数为止。由于30是3的倍数，所以A总能抢先报到30。

7. 填方阵

3	6	3	5	1
2	0	4	9	2
1	1	0	3	4
3	9	5	6	7
8	3	4	1	8

8. 错误的算式

114－111＝3

9. 火柴等式

14－7＋4＝11

10. 比面积

把小三角形倒转就能看出，大三角形的面积是小三角形的4倍。

11. 两条线是否平行

它们是笔直且平行的，看起来弯曲是由于背景中设置的交叉线段引起的错觉。

12. 云朵变山丘

13. 比一比（一）

A、B角度一样大，C、D面积一样大。

14. 比一比（二）

B。围成平面封闭图形一周的长叫作平面图形的周长。平面或物体表面的大小叫作面积。图形A和图形B相比，图形A的周长和面积都比图形B大。

15. 谁的房间大

灰兔的房间大。因为白兔的房间是9个小三角形，灰兔的房间是10个小三角形，所有的小三角形是一样大的，所以灰兔的房间大。

16. 找特殊

图4比较特殊。因为其他三幅图中都有3个三角形、3个圆和3个正方形，而图4中有4个三角形。

17. 围图形

正六边形的面积最大。

18. 小鱼翻身

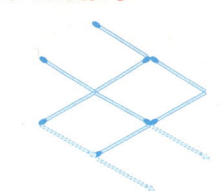

19. 金鱼的蜕变

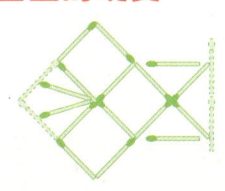

125

20. 转椅子

3根。

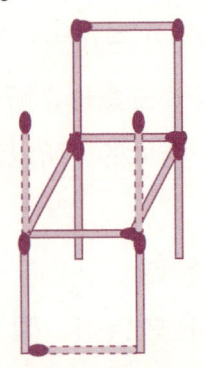

21. "三角"变"五角"

22. 图形推理

A。1个正方体有6个面；1个三棱锥有4个面；1个三角形有3条边。因此，按照6:4（即3:2）的比，只有选项A符合条件。

23. 巧妙取水

首先用大头针将火柴固定在木塞上面，然后将固定好火柴的木塞放在水盆里，再点燃火柴，同时将空烧杯罩在点燃的火柴上。当火柴把烧杯中的氧气耗尽，水就会流入烧杯中了。

24. 鱼形图案

10个。

25. 搭帐篷比赛

5号和8号。

26. 测距离

把这张不规则的纸卷成一个圆柱，然后沿着边缘在纸上画上2个点，使这2个点同时落在两层纸上面，这样，打开纸之后就会出现4个点，这4个点就满足题中提到的要求了。

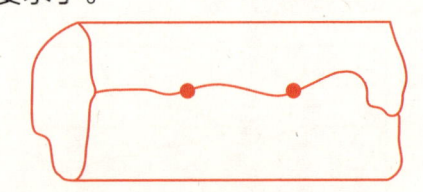

27. 难"过"的河

这两个人分别在河的两岸，他们都想到对岸去。所以一个人乘船过去把船交给另一个人就可以了。

28. 失窃案

窗帘拉着，玻璃碎片怎么会满地都是呢？除非有人在房间内拉开窗帘，再打破玻璃。所以，这个盗窃现场是值班人设计的假现场。

29. 无法磨灭的字迹

张琳在家里用投影仪将这几个字投射到木板上。

30. 三个开关

第一个开关不开或开了就关，第二个开关开半个小时（让灯泡有足够的热量就行了，主要与第一个开关区别开来）才关，第三个开关只开不关。当你进门后，很明显就知道第三个开关控制的是哪盏灯，而第一个开关与第二个开关分别控制哪盏灯，只需用手摸摸灯泡就知道了。

31. 一半的终身监禁

让这个犯人坐一天牢，然后回家休息一天。如此循环，直到犯人死亡为止。

32. 大、小圆的周长

大圆周长和小圆周长之和是一样长的。因为我们知道，圆的周长等于直径乘以 π，而大圆里面的4个小圆的直径之和等于大圆的直径。由此可以看出，大圆的周长和4个小圆的周长之和是相等的。

33. 淘气的方格

4	5	2
3	5	5
7	3	6
9	10	8
1	1	3

34. 三角形的个数

35个。

35. 点睛之笔

刁→习；士→壬；尤→龙；勿→匆；立→产；日→目；王→主；叶→吐；史→吏；乜→也；月→用；灭→灰；头→买；和→种；去→丢；舌→乱；亚→严；西→酉；什→仕；烂→烊。

36. 你会读吗

山中山路转山崖，山客山僧山里来。山客看山山景好，山桃山杏满山开。

37. 巧猜词

撒哈拉沙漠。撒哈拉沙漠的总面积是900多万平方千米，为平原型沙丘，矿质沙漠，著名作家三毛的很多作品都与撒哈拉沙漠有关。

38. 泄密的树叶

他是根据落叶推断出来的。如果死者四天前在这里自杀的话,那么,死者的身上和车里应该铺满了落叶。可是车上只有少许落叶,由此可以断定尸体刚被拖来不久,所以警长判定凶手没有走远。

39. "经验"破案

正确。死者是一位经验丰富的自然学家,所以他不可能把帐篷搭建在野外的树下,因为这样很容易受到雷电袭击。这是探险的常识,这位自然学家不可能不知道。

40. 名画被盗

因为富翁说谎了。饲养热带鱼的鱼缸靠的是电力提供氧气和保持适宜的水温。如果停电,鱼缸便会断电,这样一来,鱼缸中的热带鱼在北方的冬天活不过一个晚上。

41. 月亮在看着你

河流是东西流向,如果嫌疑犯坐在河的南岸,即他正面向北。在正常情况下,月亮东升西落,按照嫌疑犯的叙述,他当时的情况不可能看见月亮映在河面上。所以他一定是在撒谎。

42. 拼"11"

十一,XI(为罗马数字的写法)。

43. 与众不同的数字

26。其他几个数字个位上的数字和十位上的数字相加都等于10。

44. 数字填空

624。观察可知中间方格中的数字是它所在行的其他两个数字差额的4倍。

第二章 能人来挑战

1. 5个3的算式

答案不唯一,列出一种如下。

(1) $(3+3)÷3-3÷3=1$

(2) $3×3÷3-3÷3=2$

(3) $3×3÷3+3-3=3$

(4) $(3+3+3+3)÷3=4$

(5) $3÷3+3+3÷3=5$

(6) $3×3+3-3-3=6$

(7) $3×3-(3+3)÷3=7$

（8）3＋3＋3－3÷3＝8

（9）3×3÷3＋3＋3＝9

（10）3＋3＋3＋3÷3＝10

2. 等于51的算式

（1）1×2＋3×4＋5×6＋7＝51

（2）2＋3×4＋5×6＋7×1＝51

（3）3×4＋5×6＋7＋1×2＝51

（4）4＋5＋6×7＋1＋2－3＝51

（5）5＋6×7＋1＋2－3＋4＝51

（6）6×7＋1＋2－3＋4＋5＝51

（7）7＋1×2＋3×4＋5×6＝51

3. 方格"金字塔"

3。因为左边方格"金字塔"中的规律为：（422＋436）×3＝2574，所以右边4380÷（719＋741）＝3。

4. 填方格

6	2	9	3	7
3	7	6	2	9
2	9	3	7	6
7	6	2	9	3
9	3	7	6	2

5. 不可思议的算式

36、45、54、63、72、81。

6. 填空格

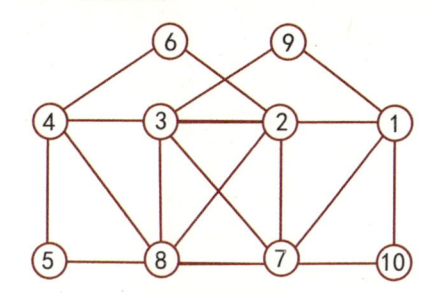

7. 14个正三角形

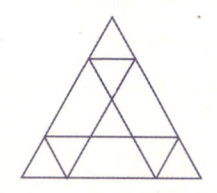

8. 巧分"60"

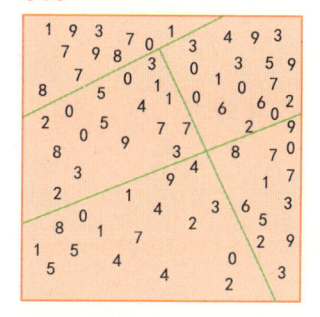

9. 移动火柴

此题答案不唯一，仅提供一种做参考。

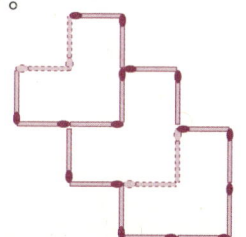

10. 巧变正方形

第一步：

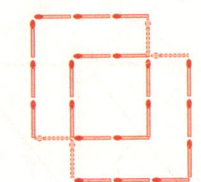

第二步：

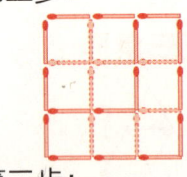

第三步：

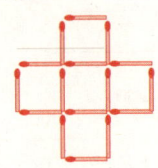

11. 巧变菱形

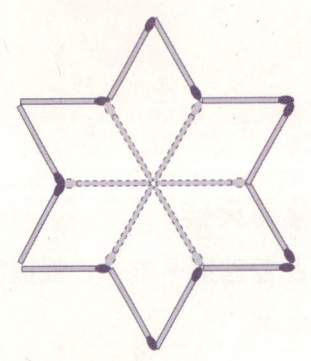

12. 巧移火柴

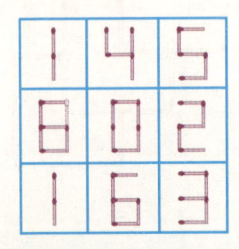

13. 消失的立方体

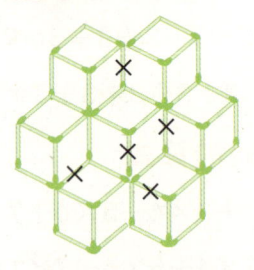

14. "石"变"全"

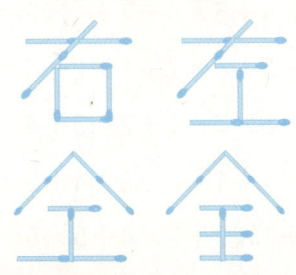

15. 哪块大一点

因为这两块铁片的质地、厚度是相同的，所以只需要比较它们的体积或者质量，就可以分辨出大小了。可通过把铁片浸没在有水的量杯里，观察上升部分水的体积的办法，或用天平称质量的办法来判断哪块铁片大。

16. 六角星上的小孔

121个。我们可以用几何图形来解决这道题。将六角星划分为6个大小相等的四边形（如下图所示），能够很清楚地看到每个四边形内都有5行圆孔，且每行都有4个圆孔。除了这6个四边形之外，六角星正中央还有1个圆孔，因此圆孔的总数为：（5×4）×6+1=121。

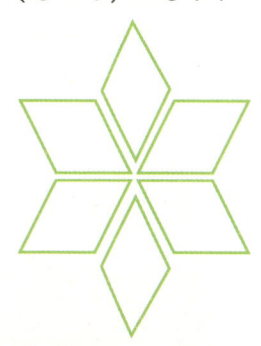

17. 小小彩球

	红	黄	蓝	
	黄	绿	红	黄
蓝	红	绿	绿	红
	黄	绿	红	黄
	红	黄	蓝	

18. 一笔画图

其中一种画法：

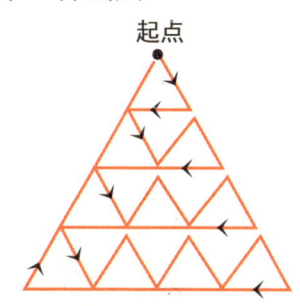

19. 最短的路程

先从A点爬到EF的中点，再从EF的中点爬到G点。此题答案不唯一。

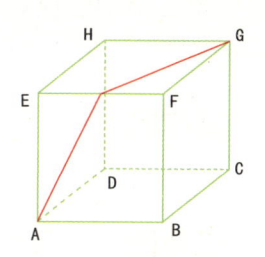

20. 箭头的方向

B。每个小方框里的箭头每次逆时针旋转90°。

21. 星星的选择

E。从左上角的方框开始，按照逆时针的方向以螺旋形向中心移动，就会发现白色圆圈在两个相对应的尖角处交替，同时黑色圆圈按逆时针的方向每次移动一步。

22. 五边形的差异

D。每个五边形里面的图形是由它下面的两个五边形里面的圆点叠加而成；而当这两个五边形里面相同的位置都有圆点的时候，这一圆点将被去掉。

23. 旋转图形

B。第二幅图是第一幅图垂直翻转180°，再顺时针旋转90°得到的。按这个规律，第

131

四幅图和第三幅图也具有这样的关系，故选B。

24. 一笔作图

A。

25. 趣味猜图

C。每条弧线每次顺时针增加 $\frac{1}{4}$ 圆弧，并在最后一条弧线结束的地方开始一条新的 $\frac{1}{4}$ 圆弧。

26. 趣味九宫格

2	9	4
7	5	3
6	1	8

27. 请你摆摆看

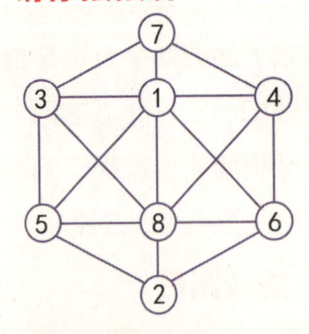

28. 它应该是几

1。在每个饼状图中，上面两块中的数字平方之后再相加，得到的结果就是下面那个数字。

29. 网球场的面积

7.5。将网球场场地分为3个直角三角形和3个小正方形。3个小正方形的面积和为3，3个直角三角形的面积分别为：1.5、1、2。所以网球场的面积为7.5。

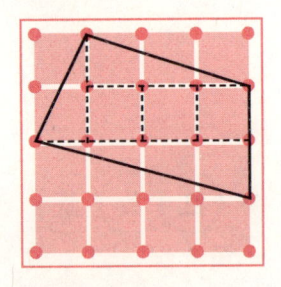

30. 趣味面积计算

这4个图形的面积分别是：17、9、10、16。将边、角进行切割，以便于组成规则的直角三角形；然后把图形进行重组，这样就可以很容易地得到与小正方形相关的图形了。

31. 填空圈

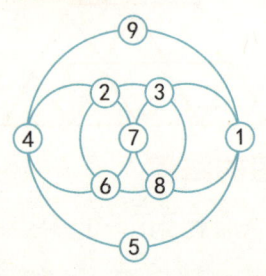

32. 数列规律

12。这张数字表的规律是：第二行的数等于相应的第三行的数与第一行的数的差的2倍。比如，8＝2×(6－2)，10＝2×(10－5)。因此，括号内的数为12。

33. 数一数

三角形：14个；方形：7个。

34. 巧妙运算

1＝(5×5)÷(5×5)
2＝5÷5+5÷5
3＝(5+5+5)÷5
4＝(5×5－5)÷5
5＝5+5×(5－5)
6＝(5×5+5)÷5

此题答案不唯一，列出一种供参考。

35. 方格中的点

D。每一行、每一列小方格中的红点数都不相同。

36. 文字迷宫

起点→点头→头脑→脑袋→袋口→口信→信念→念书→书生→生活→活字→字体→体格→格言→言论→论文→文章→章节→节省→省亲→亲自→自由→由来→来临→临终→终点。

37. 聪明的杨修

在门上写"活"，就是"阔"。这说明曹操觉得门修得太阔气了，令他不悦。"一合酥"，把字拆开，就是"一人一口酥"，所以杨修就把这盒酥分给大家吃了。

38. 数正方形

一共有16个正方形。

39. 趣味成语

（1）（二）龙戏珠＋（一）鸣惊人＝（三）令五申

（零）敲碎打＋（一）来二去＝（一）事无成

（三）生有幸＋（一）呼百应＝（四）海升平

（七）步之才＋（一）举成名＝（八）面威风

（2）（十）全十美－（一）发千钧＝（九）霄云外

（八）方呼应－（一）网打尽＝（七）零八落

（六）亲不认－（一）无所

知=（五）花八门

（四）面楚歌－（三）顾茅庐＝（一）落千丈

40. 飞飞的长袜

3只。如果前两只袜子正好搭配，他不会有疑问；如果前两只袜子刚好是一白和一灰，那么第三只袜子必定与前两只袜子中的一只搭配。

41. 谁是真凶

因为陌生人在他们进入诊所时已经换上了陈医生的衣服，且右臂绑了绷带，殡仪员不可能知道陌生人是背部中枪，除非他是凶手。

42. 哪句话是真话

D。第一个盘子上的话与第四个盘子上的话相矛盾，所以两句话中必定一个是真、一个是假。因为题干中说四句话"只有一句是真话"，由此判断第二个盘子与第三个盘子上的话是假的。所以，第二个盘子中没有苹果，第三个盘子中有巧克力。所以第四个盘子上的话是真话。

第三章　高手来过招

1. 寻找"1"

＋29，×7，－94，×4，－435；

(29×7－94)×4－435=1。

2. 各就各位

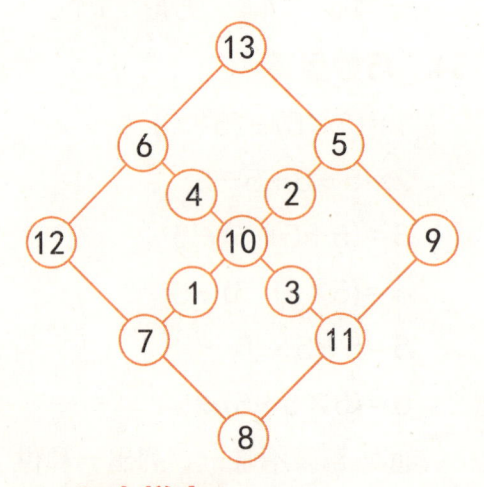

3. 积木拼字

4. 七角星填数

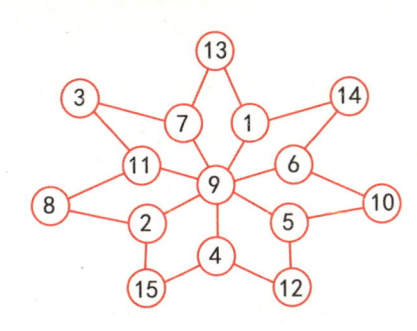

（图中填数：13、3、14、7、1、11、9、6、8、2、10、5、4、15、12）

5. 解密蜂巢

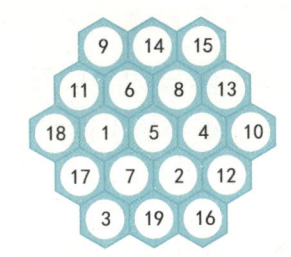

（蜂巢填数：9、14、15、11、6、8、13、18、1、5、4、10、17、7、2、12、3、19、16）

6. 数学书上的难题

1。③④两个圆中对应位置上的数字相乘，就得到了①中的数字。②中的数字等于③④两个圆中对应位置上的数字之和。

7. 积木之谜

A＝5，B＝4。每一块积木里数字的乘积是比它稍长的积木里数字乘积的一半。

8. 快被淹没的小岛

最多有13人获救。到达另一座岛屿要4分钟，来回要花8分钟，一趟载5人，回来的时候必须有1个人开船。所以8分钟只能救4人，16分钟能救8人，最后一趟载满5人之后小岛就被淹没了。所以，最多只能有13人获救。

9. 谁做了好事

如果是甲做的好事，那么乙、丙的话都是真的；如果是乙做的好事，那么甲、丙的话都是真的。如果好事是丙做的，这时甲、丙的话都是错的，只有乙的话是真的，所以好事是丙做的。

10. 路人支招

老太太之前1个生鸡蛋可卖得 $\frac{1}{3}$ 元，1个茶叶蛋可卖得 $\frac{1}{2}$ 元，鸡蛋和茶叶蛋的平均价格是每个（$\frac{1}{3}+\frac{1}{2}$）÷2＝$\frac{5}{12}$（元）。但是将鸡蛋和茶叶蛋混在一起卖之后，平均1个茶叶蛋或者生鸡蛋都卖得 $\frac{2}{5}$ 元钱，比之前的平均价格少了（$\frac{5}{12}-\frac{2}{5}$）＝$\frac{1}{60}$（元）。60个蛋正好少了1元钱。

11. 弹簧的平衡

如果把50千克或100千克的砝码挂在弹簧上,指针仍将指向100千克。因为如果挂上去的砝码的重量在0～100千克,其产生的力会抵消绳子上相应的拉力。当重量等于或超过100千克的砝码被挂上去后,系在地板上的绳子就会松掉,指针的读数将和挂上去的砝码的实际重量相同。所以当挂上了一个150千克的砝码后,指针将指向150千克。

12. 棋盘

13. 数矩形

一共有25个矩形。

14. 寻"和"之路

从下端的"14"开始,往左上或右上走,只要一次性不重复走完25个格子,得到的和就最大。

15. 被小孩打败的预言家

小孩在纸上写下了"下午3点之前达尔瓦迪将写一个'不'"。根据这句话,如果达尔瓦迪写下的是"是"字,那么他的预言就和纸条上的内容正好相反,他的预言就是错误的。如果达尔瓦迪写下的是"不"字,那么他也错了,因为这样正好从反面证明了小孩的预言的正确性。所以,无论达尔瓦迪写"是"还是写"不",都不可能正确。

16. 切开的正方体

3个面上染色的小正方体有8个;2个面上染色的小正方体有12个;1个面上染色的小正方体有6个;没有染色的小正方体有1个。

17. 黑白正方形

观察图形可知,每层的白色正方形的个数等于层数减1。因此,第1993层中有1992个白色正方形。

18. 唯一的目的地

路线3到达字母C。

19. 火柴的智慧

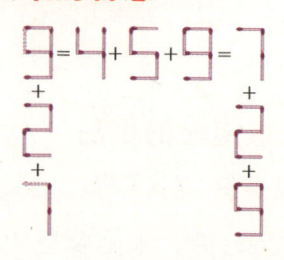

20. 连数字

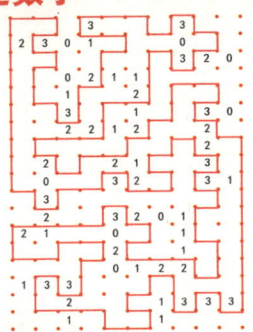

21. 过桥

小明过桥速度最快，每次他与另一人过桥，他提灯返回。第一步，小明与弟弟提灯过桥，小明提灯回来，耗时4分钟；第二步，小明与爸爸提灯过桥，弟弟提灯回来，耗时9分钟；第三步，妈妈与爷爷提灯过桥，小明提灯回来，耗时13分钟；最后，小明与弟弟提灯过桥，耗时3分钟，总共耗时29分钟。

22. 图形组合

2B。

23. 奇妙的箭头

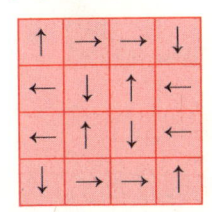

规律：每横行、每竖列都有两个箭头方向相同，且另外两个箭头方向相反。

24. 小小建筑师

将图顺时针旋转90°即可。

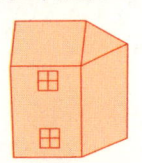

25. 图形推理

①B，②C，③E，④A。做这个题时，请注意圆锥体的侧面，即扇形两边相接的部分，因为相接的角度是关键。

26. 本来面目

D。

27. 巧连正方形

总共能连出11个正方形。

28. 谁不一样

④。除④外，图形的变化规律是：从①到⑥依次逆时针旋转。

29. 黑白纽扣

以下是移动的步骤：白2移到3，黑4跳到2，黑5移到4，白3跳到5，白1跳到3，黑2移到

1，黑4跳到2，白3移到4。

30. 密不可分的地板
C和E，如下图所示。

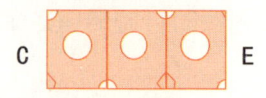

31. 缺失的木棍
123-45-67+89=100

32. 被缠住的钉子
右上方的钉子将被缠住。

33. 发现规律
全黑圆。每一排圆的阴影部分每次多出$\frac{1}{4}$，直至变成全黑圆。

34. 黄金切割

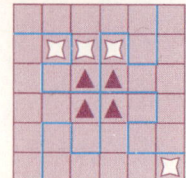

35. 考眼力
一共20个。

36. 搬箱子
这里举例以3R4表示"把3号板条箱向右推动4格"。同理，"L"表示向左，"U"表示向上，"D"表示向下。先1R1，然后4L1和U3。这时我们需要通过7R1、6R1和5L1来腾出一些空间。接着4D4，然后R4，4号板条箱就移出去了。最后用同样的方法移出剩下的木板箱。

37. "T"的转变

38. "十"字的奥秘

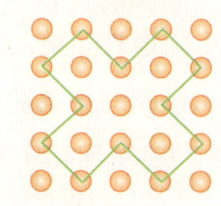

39. 绿色的窗户

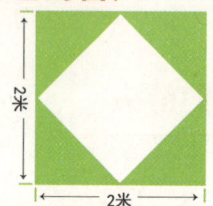

40. 爱打哑谜的妻子
B表示他们分开了，C表示他们分开三个月了，D表示他们的孩子出生了，E表示妻子希望丈夫八个月之后能回来，F表示一家团聚。

41. "口"字的奥秘

时间：周末。物品：点心。

"周"字的末端是"口"，"点"字的中心是"口"。

42. 消失的古钱币

张先生偷了古钱币。因为猫头鹰抓住小鸟或老鼠后会将它们整个吞食，过段时间再把消化不了的骨头吐出来。张先生在喂给猫头鹰的肉中夹上3枚古钱币，猫头鹰整个吞下了。第二天早晨，猫头鹰吐出不消化的古钱币，张先生将它们藏了起来，然后杀了猫头鹰，并剖腹检查，证明自己清白。

43. "逃跑"的硬币

将食指放在桌子上，方向要与这枚1角硬币相对。然后用手指轻轻抓动桌布，硬币会慢慢地移动，不一会儿，它就会从玻璃杯中"逃"出来。

44. 拿破仑的智慧

拿破仑命人将路标立起，使上面标有他刚刚去过的城镇的名字的牌子指向他来的方向。这样，路标就被放回了正确的位置，他要去的地方的方向也就显而易见了。

45. 古堡奇案

午夜时分，老乞丐看见一团团黑影从古堡顶部飞下来，向猴子猛扑过去，待听到猴子一声惨叫，就迅速收紧渔网，接着便在铁箱里安稳地睡了一觉。第二天早晨，他从古堡里平安地走了出来，被欢呼的人群围住。老乞丐指着渔网说："凶手就是这种奇特的红蝙蝠。它们长着像钢针一样锋利的嘴，夜间出来觅食，乘人畜不备，瞬间能将尖嘴插入人和动物的大脑，吮吸脑汁，可立即取人性命。红蝙蝠的这种杀人'绝招'，不会在死者身上留下痕迹。"警方正要给老乞丐赏钱，老人拿出了证件。原来，他是法国著名的生物学教授，研究蝙蝠已有20多年了。至此，神秘古堡百年奇案被一举告破。

46. 复杂的关系

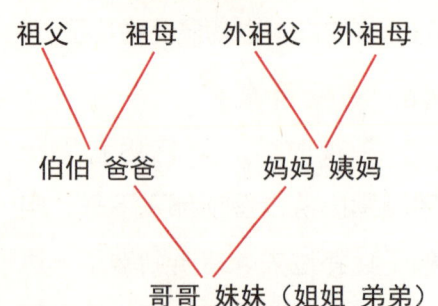

祖父　祖母　外祖父　外祖母

伯伯　爸爸　　妈妈　姨妈

哥哥　妹妹（姐姐　弟弟）

47. 靶槽的铁圈数

　　10分靶槽内有14个铁圈，共得分140；20分靶槽内有8个铁圈，共得分160；50分靶槽内有2个铁圈，共得分100；100分靶槽内有1个铁圈，共得分100。这样，140＋160＋100＋100＝500。

48. 时钟的规律

　　根据前面3个钟面的规律，时针呈顺时方向旋转，每一次旋转90°，分针呈逆时方向旋转，每一次旋转90°。所以，B项正确。

第四章　达人大比拼

1. 一共打了多少条鱼

　　小强拿走的鱼：8÷2＝4（条），小刚走后还剩8＋4＝12（条）；小刚拿走的鱼：12÷2＝6（条），小明走后还剩12＋6＝18（条）；小明拿走的鱼：18÷2＝9（条），18＋9＝27（条），所以他们一共打了27条鱼。

2. 比一比

$11^{11} > 1111 > 111^1 > 1^{111}$

$9^{99} > 99^9 > 999$

3. 等式成立

(5＋5)÷5－5÷5＝1

4. 7个六边形

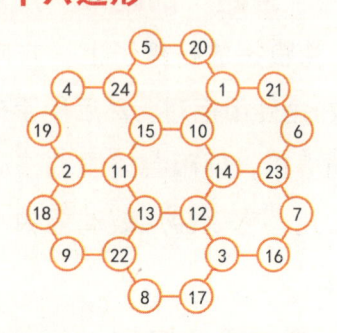

5. 求单价

　　根据题意，3个篮球的价钱＋20个足球的价钱＝9个篮球的价钱

140

＋15个足球的价钱，可知5个足球的价钱＝6个篮球的价钱。

再根据9个篮球的价钱＋15个足球的价钱＝1350元，把15个足球的价钱替换为18个篮球的价钱。

所以，篮球的单价是1350÷（9＋18）＝50（元），足球的单价是50×6÷5＝60（元）。

6. 公园出入口

该题答案不唯一，现提供一种参考答案。观察图形可知，图中只有I和E两个奇点（一个端点连接的线条数为奇数）。因此，公园的入口和出口应设在这两个点上，以E为入口，以I为出口，路线为：

E→D→C→B→A→I→B→D→G→E→F→G→H→I。

7. 巧求三角形面积

三角形的面积是24个平方单位，正方形的面积为36个平方单位，假设三角形的面积为x，我们可以得出这个方程式：$\frac{3}{4}x = \frac{1}{2} \times 6 \times 6$，解得x＝24。

8. 求"和"之路

F。

9. 问号处的数字

2。数字等于叠加在一起的面的数量。

10. 汤姆的花园小径

49米。汤姆在各路段上行走的路程依次如下：

A＝9米，B＝8米，C＝8米，D＝6米，E＝6米，F＝4米，G＝4米，H＝2米，I＝2米。一共是49米。

11. 陷阱

第一题：一样远。

第二题：敲钟6次一共需要30秒，因此敲钟12次需要60秒——通常人们会这样想。但是，当钟敲到第6下时，共停顿5次，每次的停顿是30÷5＝6（秒）。第1次与第12次之间一共有11次停顿，那么敲钟12次一共需要66秒。

12. 转轮求和

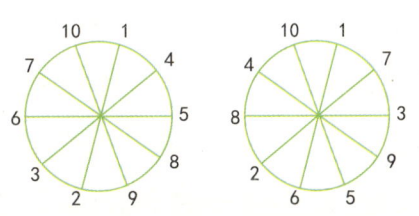

141

13. 倒出鱼缸中的水

把鱼缸从一侧抬起，这样水就会从另一边溢出。当水平面正好处于鱼缸的一个上角到鱼缸的一个下角的对角线时，鱼缸内的水正好处于鱼缸的中间位置。

14. 最多的区域

31个区域。2个圆最多有3个区域，3个圆有7个，4个圆有13个，5个圆有21个。每增加1个圆，增加的区域数就多2个。增加规律为：4，6，8，10……所以，6个圆相交最多可以分割成21＋10＝31（个）区域。

15. 丁丁的戏法

如果想要拽断书下面的绳子，可以抓住书下面的绳子向下猛拉。由于书的惯性，在拉力尚未传到书上面的绳子时，下面的绳子就已经拉断了。如果想要拽断书上面的绳子，可以慢慢地拉书下面的绳子。这时拉力发挥作用，再加上书的重量，书上面的绳子就会断掉。

16. 黑白格子的个数

204个。我们可以将图片看作是一个由64个边长为1的正方形组成的，这样一来，我们可以得出：

边长为1的正方形格子有64个；
边长为2的正方形格子有49个；
边长为3的正方形格子有36个；
边长为4的正方形格子有25个；
边长为5的正方形格子有16个；
边长为6的正方形格子有9个；
边长为7的正方形格子有4个；
边长为8的正方形格子有1个。
数字相加，结果为204。

17. 分鱼问题

甲收8元，乙收2元。

"3人将5条鱼平分，客人拿出了10元"，可以理解为5条鱼总价值为30元，那么每条鱼价值6元。

又因为"甲钓了3条"，相当于甲吃之前已经出资3×6＝18（元），"乙钓了2条"，相当于乙吃之前已经出资2×6＝12（元）。

而甲、乙两人吃的鱼价值都是10元，所以，甲还可以收回18－10＝8（元），乙还可以收回12－10＝2（元）。

18. 万能的羊圈

19. 蚂蚁调兵

14641只。具体算法如下：

第一次：1+10=11（只）

第二次：11+11×10=121（只）

第三次：121+121×10=1331（只）

第四次：1331+1331×10=14641（只）

20. 巧连线

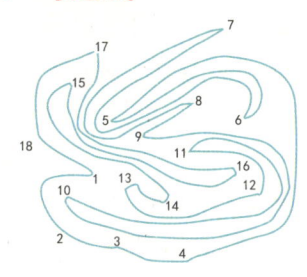

21. 巧变图

仔细观察几组图形可知，第一组和第二组中最右边的图形是这样变来的：将最左边的图形往右平移到中间图形的位置，再去掉两个图形的重合部分。按照这一规律，便可知问号处的图形了。

22. 谁是异类

E。因为除E之外，其他图形都是中心对称图形。

23. 与众不同

C。因为C没有竖长条。

24. 小小五角星

25. 回家的路

6条。下图中的数字表示所有可能的路线通过该数字所在交叉点的累积次数。

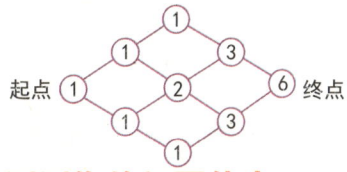

26. 测测你的识图能力

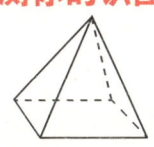

143

27. 20站的旅行

按照标有1、2、3……20的数字走完，最后从顶点20走到顶点1即可。

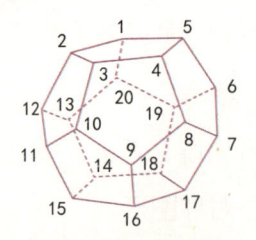

28. 小小"金字塔"

M。观察可知，每个三角形中的字母按顺时针排列，两个字母中间隔三个字母。从A开始隔开B、C、D就是E；E隔开F、G、H就是I；I隔开J、K、L就是M。

29. 兄弟姐妹

有4个男孩，3个女孩。甲、乙、戊、庚为男孩，丙、丁、己为女孩。从⑥得知，己是女孩。从①③⑤⑥联合考虑可以知道，这7个人中只有3个是女孩。从③⑤可以肯定丁是女孩。从而得知，其余4人，即甲、乙、戊、庚一定都是男孩。

30. 猜彩球

第一个筐子里的彩球是红的，第二个筐子里的彩球是绿的，第三个筐子里的彩球是黑的，第四个筐子里的彩球是黄的，第五个筐子里的彩球是蓝的。

31. 约会地点

他们到达约会地点的先后顺序是：D、E、C、A、B。

依据题目给出的条件，很快就可以分析出A、B、C、E都不是第一个，只有D是第一个到达的。

由"E在D之后"，可以知道两个人的顺序是D、E。

由"B紧跟在A后"得知两个人的顺序是A、B。

由"C……也不是最后一个到达约会地点"，可以得知C、A、B的顺序。

所以，他们到达约会地点的先后顺序是：D、E、C、A、B。

32. 楼梯上的凶案

管理员知道小张是个盲人，她从来不乘坐电梯，每天都是走楼梯，突然停电对她没有丝毫影响。但是，那名男子每天乘坐电梯，突然停电对他会有影响。在停电的楼道里，行动不便的显然是这个男子，由此可见这个男子在说谎。

33. 工厂事故

D。工人丙的话和工人丁的话互相矛盾，他们中必定有一个说的是真的。工人甲的话为假，不是设备问题。工人乙的话为假，由于已经确定了"不是设备问题"，所以没有人违反操作规范。

34. 装蛋糕

分别把3块蛋糕放在3个小盒子里，再把3个小盒子放在1个大盒子里。

35. 衣服的价钱

因为店员如果干一年就会得到24000元钱和1件衣服，而他干了7个月，得到了10000元钱和1件衣服，所以5个月的工资是14000元，一个月的工资就是：14000÷5＝2800（元），12个月的工资是33600元，那么衣服的价钱就是：33600－24000＝9600（元）。

36. 撕掉的页码

（1＋45）×22＋23＝1035（页），1035－1000＝35（页），也就是说，有一张纸的两页的页数加起来等于35，这相邻的两个数是17、18。

37. 分裂的细菌

59分钟。

38. 子弹的数量

设3人打猎之前的子弹总数是x，列出方程式$(\frac{x}{3}-4) \times 3 = \frac{x}{3}$，算出的结果是：x＝18。

39. 方框中的点

选A。第一行三个格子的点数，用算式解释就是3＋2＝5；第三行三个格子的点数，用算式解释就是1＋1＝2。所以第二行相当于算式4＋2＝6，只有A项有6个点数。

40. 方框中的三角形

16个。

41. 天气预测

不会。因为凌晨2点的48小时后还是凌晨2点。

42. 分苹果

把2个苹果各平均分成3份，

145

把另外3个苹果各平均分成2份。

43. 找出差别

"竹"和其他字不一样。"竹"有6画，其他字只有5画。

44. 数梯形

一共有40个梯形。

45. 转动的轮子

逆时针转动。

46. 不一样的图形

D项。

47. 巧妙的排列

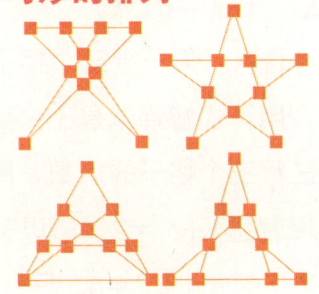

48. 有规律的图片

第1幅图上面和下面的线分别逆时针旋转90°和135°得到第2幅图，后面以此类推。答案是C。

49. 图形的延伸

B。规律就是两个端点分别继续延伸。

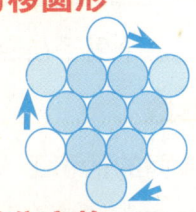

50. 巧移圆形

51. 平分方格

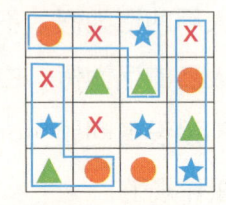

52. 拼成正方形

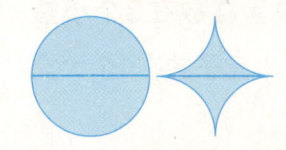

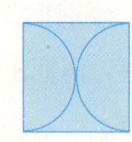

53. 一笔画的图形

一笔画出的图形是1、2、5。

54. 组成正方形

D项。

55. 折叠的立方体

B项。

56. 巧填数字

10、20。因A+D=C，B-C=E。

57. 填入符合规律的图形

放 ◎ 。从竖排看，每一竖排

的螺旋图形都有顺时针和逆时针旋转的两个图形。

58. 图形与小圆圈

D项。D项的图形有10条边，但是小圆圈只有8个。其他3项的图形边数与小圆圈的数量是相等的。

59. 找出字母

字母P。根据26个字母的排列顺序，前面4个字母，彼此相差的字母数是1、2、3，所以K与P相差4个字母。

60. 移动棋子

17次。移动次序依次为：兵—卒—炮—兵—车—马—兵—炮—卒—车—炮—兵—马—炮—车—卒—兵。

61. 填写字母

从上往下依次是U、K、M。这是计算机键盘右边的字母表。

62. 有规律的图形

D项。奇数格的图形是左右对称；偶数格的图形是上下对称。

63. 左右平衡

放五角星。根据第1个天平可知，1个四边形加1个三角形等于2个五角星，所以第3个天平的中间应该放1个五角星。

64. 连接9个点

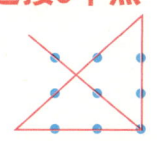

65. 金字塔顶端

9。金字塔每一层的数字的总和除于那一层的层数，得数是9。如第5层，(9+4+6+7+3+2+8+5+1)÷5=45÷5=9。

66. 划分区域

9	7	3	1
2	4	5	4
1	2	1	3
5	6	3	8

67. 数正方形

一共14个正方形。

68. 木板的长短

69. 平分蛋糕

首先在蛋糕正面按十字形切成两刀，然后再从蛋糕的侧面横切，就平均切成了8块。

70. 针的搭配

71. 巧做十字图案

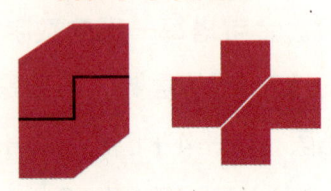

72. 比路程的长短

两条路程一样长，都是16个小横线的长度。

73. 找规律

C项。大圈是顺时针进1格，小圈是顺时针进1、2、3、4格，所以C项符合题意。

74. 巧填数字

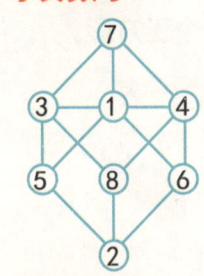

75. 点的轨迹

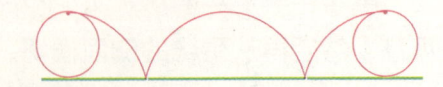

76. 巧移水壶塞

继续把水倒满玻璃瓶，直到玻璃瓶口的水面突起一点点，水壶塞就会移向玻璃瓶中央了。

77. 多点连线

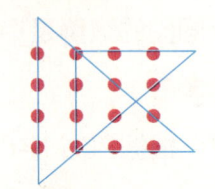

78. 移动棋子

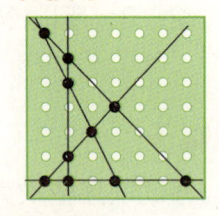

79. 数字砖头

27648。图片的规律是，每一层相邻的两个数字相乘，得到了两个数字上一层的数字。

80. 数字方框

11。数字的横排和竖排的和都是20。

81. 巧拼长方形

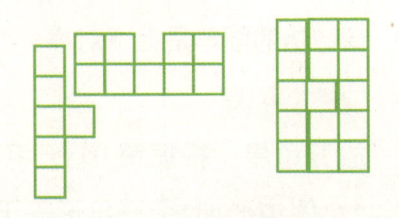

82. 巧分图片

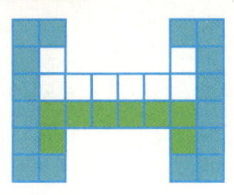

83. 巧拼正方形

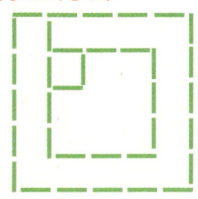

84. 补砖

48个。4×4×4－16＝48。

85. 线条图形

C。所给图形中直线的条数分别为1、3、5、7。故选C。

86. 牢固的门框

D。因为三角形的结构最牢固。

87. 趣味图形

3个图形是2、4、6的反、正两个图形组成，所以第4个图形是8的反、正两个图形组成。

88. 裁缝

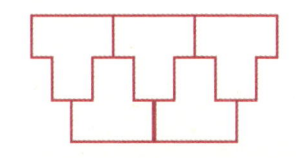

89. 一笔画

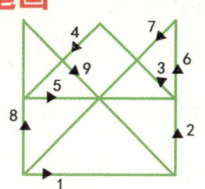

90. 袋中的棋子

做不到。因为从第1个袋子放1枚棋子开始，后面14个袋子都要比前面的袋子多1枚棋子，列成算式就是1＋2＋3＋4＋……＋14＋15＝120。一共只有110枚棋子，根本做不到每个袋子的棋子数量不一样。

91. 隐藏的凶器

凶器是羊腿。当夫妇俩争吵时，妻子从冰箱里拿出了冻住的羊腿击打丈夫的头部，然后把羊腿放在炉上烤。

92. 水能不能喝

这桶水能喝。部落里有一部分人说实话，一部分人说假话。旅行者向村民说天气真好，这位村民表示肯定，说明他说的是实话。那么，这位村民说这桶水可以喝，说的也是实话。

93. 仓库被盗

根据（1）可以推出甲丙、甲丁、乙丙、乙丁4种情况。

根据（2）排除乙丁。

根据（3），如果丙去了仓库，丁一定和他一起去，所以排除甲丙、乙丙。

根据（4），甲、丁一起去了仓库。

所以，甲和丁两人是盗窃案的主谋。

94. 金牌盗窃案

凶手是深度近视，在作案时不小心打碎了眼镜片，他干脆把玻璃都打碎，眼镜碎片在玻璃碎片中被掩盖了起来。